von:
Melanie Arriagada Espinoza
Dr. Katrin Blumenkamp
Cathrin Bothmann
Raúl Enzenbach
Dr. Claire-Marie Jeske
Dr. Burkhard Pohl
Tabea Rasche
María Villarrasa

Bachillerato
Sicher in die Oberstufe

Methodenheft mit Mediensammlung

Ernst Klett Verlag
Stuttgart · Leipzig

So lernst du mit **Bachillerato – Sicher in die Oberstufe**

Mit diesem Methodenheft kannst du deine sprachlichen Fertigkeiten, Grammatik und Wortschatz vertiefen. In unserem Special (Kapitel 5) dreht sich alles rund um die digitale Welt: Du erarbeitest eine „Netiquette", setzt dich mit den Umweltauswirkungen digitaler Technologien auseinander usw. Aber auch in allen anderen Kapiteln kannst du dich digital weiterentwickeln: Ob beim virtuellen Gestalten historischer Comics oder beim Produzieren spannender Mystery Podcasts – mit unseren Übungen zur Medienkompetenz kannst du neue Apps etc. beim Spanischlernen ausprobieren.

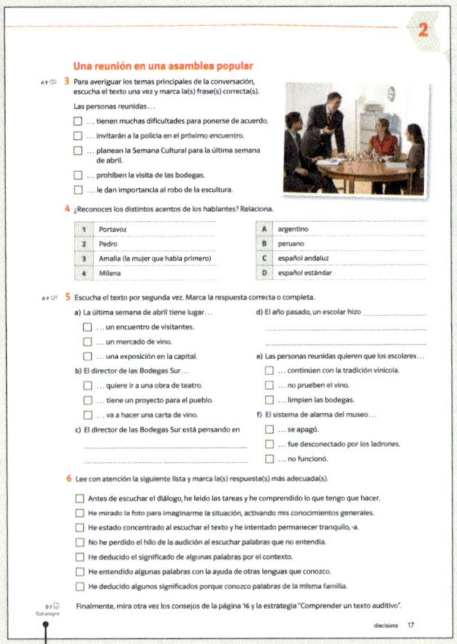
Una reunión en una asamblea popular

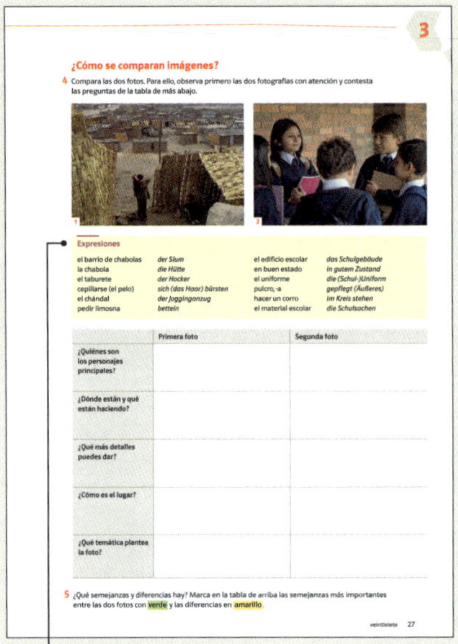
¿Cómo se comparan imágenes?

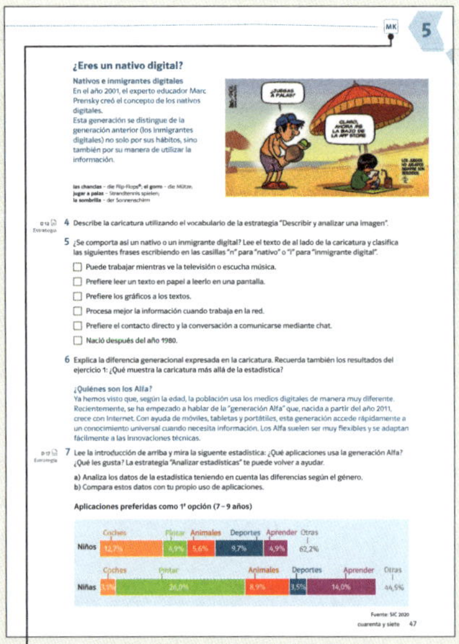
¿Eres un nativo digital?

D7

... verweist auf eine Strategie in der Mediensammlung (siehe unten). Hier findest du auch alle Lösungen, damit du dich selbst kontrollieren kannst.

Expresiones ...

... bietet hilfreiche Redemittel und nützlichen Wortschatz. Außerdem gibt es in Kapitel 8 Grammatik- und in Kapitel 4 Info-Kästen (siehe unten).

MK ...

... hilft dir digitale Inhalte und Übungen zur Medienkompetenz zu finden. Achte auch auf die blaue Schrift: MK-Aufgaben sind blau hervorgehoben.

Symbole und Medien

Expresiones	Wichtige Vokabeln und hilfreiche Redemittel
Gramática	Grammatik-Regeln mit Beispielen
Información	Nützliche Hintergrundinformationen
MK	Medienkompetenz

Die Inhalte der Mediensammlung kannst du online oder in der App aufrufen:

Medien zum Methodenheft:
- Audios
- Videos
- Dokumente (Lösungen, Transkriptionen und Strategien)

1. Auf **schueler.klett.de** registrieren
2. Nutzer-Schlüssel oder QR Code einlösen
3. Digitale Medien online nutzen oder in die **Klett Lernen App** laden

Nutzer-Schlüssel
AHf8-ZpBk-kc5z

Inhaltsverzeichnis

1 Hablar

¿Cuáles son tus puntos fuertes y débiles?

1 Completa la siguiente tabla de autoevaluación.

Expresión oral	☺☺	☺	😐	☹
a) Tengo una pronunciación y una entonación correctas.				
b) Utilizo un vocabulario adecuado y variado.				
c) Conozco bien la gramática y la uso correctamente.				
d) Expreso mis ideas de forma clara y ordenada.				
e) No soy tímido, -a y participo a menudo en clase.				
f) Puedo hablar espontáneamente, sin mirar notas ni apuntes.				
g) Utilizo muletillas para evitar las pausas.				
h) Uso el volumen de voz adecuado.				
i) Hablo a una velocidad adecuada.				
j) Me expreso de manera cortés y amable.				
k) Escucho atentamente y reacciono sin problemas a lo que dice mi interlocutor/a.				

2 Lee y completa los siguientes consejos para mejorar tu expresión oral.

a) Para mejorar mi pronunciación y mi entonación, podría cantar canciones. Además, podría ______________________________

____

b) Si me faltara una palabra, ______________________________

____

c) Para mejorar la gramática, ______________________________

____

d) Para aprender a estructurar mejor mis ideas, podría elegir un tema que me interese, anotar los aspectos de los que quiera hablar en diferentes notas y, finalmente, ordenarlas. Podría empezar mi charla con una frase o pregunta introductoria a la que me refiera durante mi charla para, así, no perder el hilo conductor, hasta llegar finalmente a una conclusión.

e) Para mejorar mi participación en clase, ______________________________

____

f), g) Si necesitara tiempo para reflexionar, podría utilizar muletillas, como ______________________________

____

h), i) Para conseguir hablar con el volumen y la velocidad adecuados, ______________________________

____

j), k) Si no he entendido algo bien o no sé cómo reaccionar, puedo decir: ______________________________

____

¿Cómo puedes narrar tu propia historia?

Tu tarea consiste en narrar una historia. Elige una de las siguientes opciones:

- Una experiencia especial que hayas vivido
- El mejor viaje que has hecho
- Algo que te haya pasado hace poco

Los siguientes pasos te ayudarán a preparar la narración.

3 Toma notas sobre los personajes que intervienen en la historia.

	Nombre	Relación con los otros personajes	Rasgos físicos y de personalidad
Personaje 1			
Personaje 2			
Personaje 3			

4 Sitúa la historia en un tiempo y lugar determinados. Presenta detalles del marco temporal en el que se desarrolla tu historia.

5 Anota los hechos principales y las circunstancias que rodean a esos hechos.

Hechos	Circunstancias

6 Piensa en cómo va a terminar tu historia.

7 Cuéntale tu historia a un compañero y analiza el resultado final con su ayuda. La tabla de autoevaluación de la página 6 os puede servir de ayuda.

¿Cómo se puede presentar un tema en clase?

Para preparar tu presentación, ten en cuenta los siguientes aspectos:

- ¿Qué objetivo tiene la presentación?
- ¿Qué saben ya mis oyentes sobre el tema? ¿Qué les tengo que explicar?
- ¿Cómo puedo ilustrar lo que digo despertando el interés del público?

Para estructurar tu ponencia, piensa en sus tres partes (introducción, parte principal, parte final):

- En la introducción, despierta el interés de tus oyentes mediante una imagen, una pregunta o algún dato sorprendente. Presenta el tema y la estructura de tu ponencia.
- Durante la parte principal, expón los aspectos centrales del tema.
- Para la parte final puedes hacer un resumen, llegar a una conclusión, dar tu opinión o mostrar las perspectivas. Si terminas con una pregunta, puedes iniciar una discusión.

8 Marca con un 1 el vocabulario correspondiente a la introducción, con un 2 el que puedas utilizar en la parte principal y con un 3 las expresiones útiles para tu final. ¡Ojo! Algunas frases pueden servir en varias situaciones.

	Mi charla se divide en tres partes: Primero hablaré de… después… al final…		Como veis en la foto / el whiteboard / el mapa…
	Como consecuencia de todo lo anterior, hay que destacar…		Para que os podáis hacer una idea del tema, os he traído un mapa / una foto…
	Mi ponencia gira en torno a…		Voy a empezar mi charla hablando de…
	El tema está relacionado con…		Como ya he dicho…
	Resumiendo, se puede decir que…		Para terminar, quisiera decir…
	¿Qué pensáis vosotros del tema?		Eso me lleva al siguiente punto…
	Se ha visto claramente que…		Quisiera profundizar en…

¿Te gustaría pasar tus vacaciones aquí?

9 Mira la foto y contesta la pregunta del título.

MK
D1 Estrategia

a) Para ello, busca información en Internet sobre los diferentes tipos de turismo y sus ventajas y desventajas. La correspondiente estrategia y la información de las páginas 50 / 51 te pueden ayudar.

D2 Estrategia

b) Presenta las ventajas y las desventajas de este tipo de turismo y expresa tu opinión al final de la ponencia. Además, puedes leer la estrategia "Hacer una presentación".

D3 Estrategia

c) Si te cuesta mucho hablar en clase, mira la estrategia "Hablar sin miedo" y practica tu presentación con ayuda de un avatar. Para ello, sigue las instrucciones de la página 9.

¿Cómo te puede ayudar un avatar?

¿Ya tienes un avatar que te sustituye en el mundo digital?
Los avatares son personajes virtuales que te pueden ayudar también en clase de español. ¿Cómo?
En las siguientes tareas aprenderás a diseñar tu propio avatar para que te ayude con tu presentación de la página 8.
En Internet hay muchas aplicaciones que permiten crear avatares que hablan.
Una vez creado, tu avatar pronunciará el texto de tu presentación como un nativo, así que puedes escucharlo e imitarlo para mejorar tu pronunciación y tu entonación de forma viva y divertida.

10 Para crear tu propio avatar, busca en Internet " avatar maker". Lo mejor sería que no tuvieras que registrarte porque a menudo hay opciones que no son gratuitas.

a) Usa las funciones gratuitas para diseñar el avatar a tu gusto. Utilizando diferentes opciones (sexo, pelo, estilo, colores, etc.) podrás dar vida a tu avatar. A lo mejor también puedes elegir y guardar un fondo para tu avatar.

b) También existen diferentes opciones para hacer hablar a tu avatar: Puedes escribir tu texto en la ventana que se abre, grabar tu propia voz o subir un archivo de sonido. Además, se puede elegir entre una voz femenina o una masculina.

11 Con la ayuda del avatar, practica ahora la presentación que has preparado siguiendo los pasos de la página 8. Como el avatar pronuncia tu texto como un nativo, podrás comparar tu pronunciación con la suya y darte cuenta de tus errores para mejorar así, tu pronunciación y tu entonación.

12 Después de practicar tu presentación con el avatar, completa la siguiente tabla de autoevaluación: ¿Cuáles son tus puntos fuertes? ¿Qué puedes mejorar aún?

Pronunciación y entonación	☺☺	☺	😐	☹
a) Pronuncio bien las palabras acentuando las sílabas correctamente.				
b) Uso el volumen de voz adecuado.				
c) Hablo a una velocidad adecuada.				
d) Hago pausas para indicar un cambio, un resumen, etc.				
e) Cambio la entonación (la curva melódica) según los diferentes tipos de frases (enunciativas, exclamativas o interrogativas).				

Seguro que tu avatar te ha quitado el miedo, así que ahora haz tu ponencia en clase. ☺

¿Cómo hablar en qué situación?

Es importante adaptar la manera de hablar a la situación y al interlocutor, por ejemplo, usar "tú" o "usted", un lenguaje coloquial o uno formal, emplear giros del habla juvenil o fórmulas de cortesía, etc.

A1 **13** Mónica sale de una tienda y se encuentra con su amiga Gema. Las dos se ponen a charlar y deciden tomar un café juntas. Escucha el diálogo y relaciona cada expresión informal con una formal.

Informal	
1	¡Cómo mola!
2	Estar tirado, -a de precio.
3	¡Qué chollo!
4	Estar regalado, -a.
5	…, vamos.
6	¡Venga!
7	¿A que sí?
8	Un montón (de) …
9	Estar hasta las narices.

Formal	
A	¡Qué bonito, -a es!
B	Sí, yo también opino lo mismo.
C	Ya no querer más. / Estar harto, -a de hacer algo.
D	¡Qué buena oferta!
E	No costar casi nada.
F	Ser muy barato, -a.
G	Realmente. / En realidad.
H	Vamos a hacerlo. / De acuerdo.
I	Muchos, -as.

14 Escucha el diálogo otra vez. Las chicas cambian de registro en dos momentos de la conversación. ¿Cuándo y por qué?

D26 **15** De dos en dos: Repetid el mismo diálogo utilizando un lenguaje más formal. Observad el texto del diálogo de la solución y usad las expresiones de arriba.

¿Cómo se pueden parafrasear palabras?

D4 Estrategia **16** A veces te falta una palabra. No pasa nada… Explica las palabras siguientes con ayuda de sinónimos, antónimos, perífrasis o descripciones. La estrategia "Parafrasear palabras" y el vocabulario de abajo también te pueden ayudar.

la cortina | la herramienta | delgado, -a | enfadarse | guapo, -a | la especia

Expresiones

Es una persona / un animal / una cosa / un aparato que…
Significa lo mismo que… / Se parece a… / Es igual que…
Es lo contrario de…
La palabra inglesa es… / En francés se dice…

¿Cómo se puede mantener una conversación?

Para entrar en contacto con otras personas y conocerlas, es necesario hablar. La primera conversación con un desconocido es muchas veces bastante superficial. Hablamos de temas cotidianos y familiares, buscamos puntos en común y empezamos una conversación trivial (*small talk*). Esto es lo que vas a practicar ahora.

17 Imagínate que estás buscando una habitación en Barcelona para estudiar un semestre y que unos estudiantes te han invitado a ir a su casa. Te quieren conocer, pero tú también quieres saber algo más de ellos. Inicia una conversación. Para ello, escribe en la tabla algunas frases o preguntas con las que poder empezar a hablar de los siguientes temas.

Tema	¿Cómo iniciar una conversación sobre este tema?
Música (cantantes, canciones y grupos)	
Deportes y aficiones	
Sitios para salir y divertirse	
Cine (películas, actores y actrices favoritos, ...)	
Familia	
Trabajo o estudios	
Viajes	

18 Mantén una conversación con tu compañero/a de clase: Uno de vosotros vive en un piso compartido de Barcelona y el otro está buscando habitación y quiere alquilar una de ese piso.

¿Cómo te pueden ayudar las muletillas?

En una "muleta" (*Krücke*) te apoyas. Por lo tanto, las muletillas son palabras o pequeñas frases que te ayudan a mantener la conversación. Se utilizan mucho y hacen que un diálogo suene normal y coloquial. Las muletillas te pueden ayudar a ganar tiempo si te falta una palabra o si necesitas pensar un rato, y sirven para mantener el contacto entre los interlocutores.

A2 19 Escucha tres conversaciones y, con ayuda de la siguiente casilla, escribe las muletillas que oyes en una tabla que tenga estas columnas: conversación 1, conversación 2 y conversación 3.

Expresiones

Bueno, (no sé)...	Vale, ... / ¿Vale?	Así que, ...	No me digas...
Mira, ... / Oye, ...	¿(Ya / Oye,) sabes ...?	Pues, (nada)...	En fin, ...
A ver...	Digo, ...	¿Me sigues?	¿Me explico?
O sea, ...	Hombre / Mujer, ...	¿(Me) Entiendes...?	La verdad (es que)...

20 Trabajad juntos y elegid una de las siguientes situaciones para mantener una pequeña conversación en la que deberéis utilizar al menos cinco muletillas.

- Estáis esperando en la cola, delante del cine.
- Os encontráis en los probadores de una tienda de ropa.
- Está lloviendo mucho y estáis esperando en la parada del autobús.

¿Cómo se puede terminar una conversación?

A la hora de terminar una conversación sería muy descortés irse simplemente. Tienes que dar a entender a tu interlocutor/a que te ha gustado hablar con él / ella, que le deseas algo bueno, que quieres volver a verlo / la, ...

Expresiones

Lo siento, me tengo que ir.	¿Me das tu número de teléfono?
Ha sido un placer.	¿Te gustaría seguir charlando...?
¡Que te vaya bien!	¿Por qué no quedamos...?
Hasta pronto.	Adiós.

A3–A8 21 Vas a escuchar seis diálogos cortos. Reacciona espontáneamente y encuentra un final adecuado para cada conversación. Las expresiones de arriba te pueden ayudar. Como es lenguaje hablado, puede haber más de una solución.

¿Cómo se puede discutir sobre un tema?

Al discutir un tema tienes que exponer tu punto de vista y reaccionar con argumentos a lo que dicen los demás. Los siguientes consejos te ayudarán a prepararte bien cuando tengas que discutir un tema.

Antes de empezar a discutir un tema

- Apunta todos los argumentos que se te ocurran y ordénalos según su contenido.
- Marca los argumentos más importantes, usa colores diferentes.
- Piensa también en argumentos en contra de tu opinión y en cómo puedes rechazarlos.
- Prepara el vocabulario que vayas a necesitar.

Durante la discusión

- Primero aclara tu posición y explica por qué piensas así.
- Empieza con un argumento importante, pero no presentes todos tus argumentos de una vez.
- Reacciona a lo que digan los demás y pregunta si hay algo que no entiendas.
- No interrumpas a los demás participantes y, si tienen mejores argumentos, reconócelo.

22 Cuando discutas sobre un tema, tendrás que saber tomar la palabra y reaccionar. Relaciona las situaciones de la izquierda con las frases de la derecha.

1	Reaccionar a una interrupción
2	Corregir un error
3	Pedir la palabra
4	Expresar una opinión diferente

A	¿Puedo intervenir aquí?
B	¿Me dejas terminar, por favor?
C	Pero no creo / pienso que… (+ *subjuntivo*)
D	Lo siento, pero no es así…

D5, D6 Estrategias **23** Tu compañero y tú queréis hacer deporte juntos, pero tenéis diferentes ideas. Repartid los siguientes textos para preparar una discusión sobre el tema. Pensad en los consejos de arriba e intentad convencer a vuestro compañero para hacer *zumba* o *yoga*. Las estrategias "Hacer una discusión" y "Expresar su opinión" también os pueden ayudar.

Ya puedes disfrutar del programa de baile-fitness de mayor éxito: zumba. ¡Con zumba tienes la diversión asegurada! Esta combinación de ritmos latinos y caribeños con ejercicios de resitencia es apto para todas las edades y te ayudará a quemar calorías sin darte cuenta. Zumba se creó en Colombia, en 1999, casi por accidente. Su creador, Beto Pérez, olvidó en casa la música que había preparado para su clase de aeróbic y tuvo que darla utilizando música colombiana.

¿Quieres entrenar tu cuerpo y tu mente? ¡Con yoga lo conseguirás! A nivel físico, los ejercicios de yoga te ayudarán a fortalecer y a reponer los tejidos musculares, así como a estilizar el cuerpo. Además, con el yoga se reducen las grasas y el colesterol. Aprenderás a respirar bien para aportar más oxígeno al corazón. Sin embargo, los mayores beneficios del yoga los sentirás en la mente. A pesar de que practicar yoga mejorará tu aspecto físico, la paz y la tranquilidad serán tu mayor recompensa.

¡A debatir!

En un debate, los participantes tienen diferentes puntos de vista y exponen sus ideas sobre un tema polémico. También hay un moderador que abre y coordina el debate. Con las siguientes tareas podéis preparar un debate sobre los drones, que se definen como "vehículos aéreos no tripulados".

24 ¿Tienes experiencia con drones? Marca la(s) respuesta(s) correcta(s) con una cruz.

- ☐ Tengo un dron.
- ☐ Conozco a alguien que tiene un dron.
- ☐ Ya he visto un dron.
- ☐ Ya he manejado un dron.

25 Observa las fotos y contesta las siguientes preguntas.

a) ¿Qué tipos de drones hay y para qué sirven? Puedes tomar apuntes debajo de las fotos.
b) En tu opinión, ¿cuáles serán las funciones de los drones en el futuro?
c) ¿Puedes imaginarte utilizar un dron? ¿Por qué (no)?

1

2

3

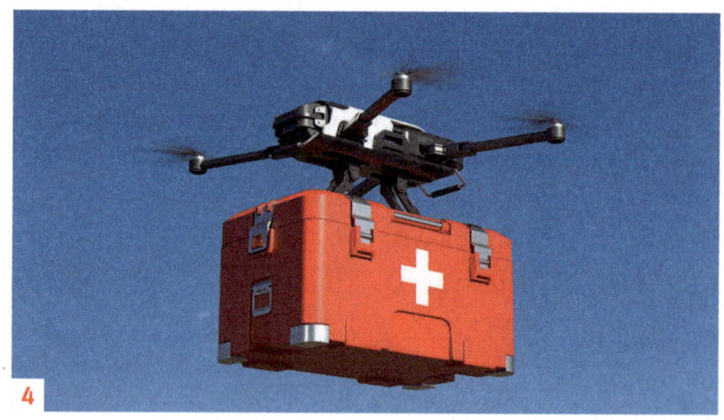
4

5

6

MK **26** Busca más información en Internet sobre los posibles usos de los drones. ¿Qué posibilidades y qué riesgos hay? Apunta las ventajas y las desventajas de los drones en una tabla. La estrategia "Buscar información" te puede ayudar.

D1 Estrategia

¿Los drones: maldición o bendición?

27 Contesta la pregunta de arriba y rellena la siguiente ficha según tu opinión sobre el tema. Ten en cuenta los resultados de tu búsqueda en Internet.

Mi postura respecto a la pregunta del debate: ______________________________

____

____

Mi declaración de apertura: ______________________________

____

____

En el debate:		Mis argumentos:	Ejemplos:	Contraargumentos:
fuerte	↓	______ ______ ______	______ ______ ______	______ ______ ______
débil		______ ______ ______	______ ______ ______	______ ______ ______

Mi reacción a posibles contraargumentos: ______________________________

____

____

Preguntas y comentarios que quiero hacerles a los demás: ______________________________

____

____

Mi conclusión: ______________________________

____

____

28 Formad grupos para debatir sobre el tema "¿Los drones: maldición o bendición?".

a) Elegid a un/a moderador/a para…

- mantener una posición neutral sobre el tema,
- abrir el debate presentando el tema,
- saludar y presentar a los participantes,
- ceder la palabra a los participantes,
- intervenir si alguien habla con exceso o si el debate no avanza,
- controlar el tiempo y la participación de todos y
- resumir y cerrar / concluir el debate.

Así abro el debate y presento el tema: …

Mis preguntas / comentarios a los participantes: …

Así resumo y cierro el debate: …

D5 Estrategia

b) Debatid sobre el tema. Ojo: Las fichas son solo una ayuda. ¡La idea no es leer lo escrito! El vocabulario de la estrategia "Hacer una discusión" os puede ayudar.

2 Escuchar

¿Cuáles son tus puntos fuertes y débiles?

1 Completa la siguiente tabla de autoevaluación.

Comprensión auditiva	☺☺	☺	😐	☹
a) Me resulta fácil mantener la concentración durante un ejercicio de comprensión auditiva.				
b) Puedo seguir el ejercicio de comprensión auditiva con facilidad, incluso si hablan rápido.				
c) Puedo entender la mayoría de las palabras, ya que tengo un amplio vocabulario.				
d) Puedo entender a distintos tipos de hablantes con acentos diferentes.				

2 Lee y completa los siguientes consejos para mejorar tu comprensión auditiva.

a) Para concentrarme mejor, tengo que reducir el estrés. Para conseguirlo, antes de escuchar el texto, voy a leer detenidamente las preguntas para saber a qué tengo que prestar atención y así me pondré menos nervioso, -a. Si en un ejercicio aparece una imagen, ______________________________

____

____

____

b) Para conseguir entender mejor un texto auditivo en en el que se habla muy rápido, puedo practicar escuchando ______________________________

____

____

Además, en muchos reproductores multimedia y plataformas de Internet se puede cambiar la velocidad de la grabación. Por lo tanto, podría reducir la velocidad del audio si me costara mucho entenderlo y, poco a poco, irla subiendo, hasta la velocidad normal de la grabación.

c) Para entender el texto auditivo, escucho el texto completo. Aunque no entienda todas las palabras, me concentro para entender el tema general de la audición. Además, puedo deducir el significado de las palabras que no entiendo por ______________________________

____

____

d) Para entender mejor los diferentes acentos del español, ______________________________

____

____

Además, hay una comprensión auditiva con cuatro acentos diferentes en la siguiente página.

Una reunión en una asamblea popular

A 9 3 Para averiguar los temas principales de la conversación, escucha el texto una vez y marca la(s) frase(s) correcta(s).

Las personas reunidas…

- ☐ … tienen muchas dificultades para ponerse de acuerdo.
- ☐ … invitarán a la policía en el próximo encuentro.
- ☐ … planean la Semana Cultural para la última semana de abril.
- ☐ … prohíben la visita de las bodegas.
- ☐ … le dan importancia al robo de la escultura.

4 ¿Reconoces los distintos acentos de los hablantes? Relaciona.

1	Portavoz
2	Pedro
3	Amalia (la mujer que habla primero)
4	Milena

A	argentino
B	peruano
C	español andaluz
D	español estándar

A 9 5 Escucha el texto por segunda vez. Marca la respuesta correcta o completa.

a) La última semana de abril tiene lugar…
- ☐ … un encuentro de visitantes.
- ☐ … un mercado de vino.
- ☐ … una exposición en la capital.

b) El director de las Bodegas Sur…
- ☐ … quiere ir a una obra de teatro.
- ☐ … tiene un proyecto para el pueblo.
- ☐ … va a hacer una carta de vino.

c) El director de las Bodegas Sur está pensando en ______________________

____

d) El año pasado, un escolar hizo ______________________

____

____

e) Las personas reunidas quieren que los escolares…
- ☐ … continúen con la tradición vinícola.
- ☐ … no prueben el vino.
- ☐ … limpien las bodegas.

f) El sistema de alarma del museo…
- ☐ … se apagó.
- ☐ … fue desconectado por los ladrones.
- ☐ … no funcionó.

6 Lee con atención la siguiente lista y marca la(s) respuesta(s) más adecuada(s).

- ☐ Antes de escuchar el diálogo, he leído las tareas y he comprendido lo que tengo que hacer.
- ☐ He mirado la foto para imaginarme la situación, activando mis conocimientos generales.
- ☐ He estado concentrado al escuchar el texto y he intentado permanecer tranquilo, -a.
- ☐ No he perdido el hilo de la audición al escuchar palabras que no entendía.
- ☐ He deducido el significado de algunas palabras por el contexto.
- ☐ He entendido algunas palabras con la ayuda de otras lenguas que conozco.
- ☐ He deducido algunos significados porque conozco palabras de la misma familia.

D 7 Estrategia — Finalmente, mira otra vez los consejos de la página 16 y la estrategia "Comprender un texto auditivo".

¿Cómo se hace una comprensión global de un audio?

La comprensión global nos ayuda a hacernos una idea general de lo que se dice en el texto. Quién habla con quién y sobre qué hablan, cuándo y dónde, con qué intención, qué relación tienen los hablantes y por qué. Tus conocimientos previos y generales te van a ayudar a entender un texto de forma global. Además, si conoces el tipo de texto (entrevista, canción, etc.), también podrás entender mejor la grabación.

7 Para acercarte al tema, mira la foto: ¿De qué puede tratar el texto auditivo? Piensa en lo que ya sabes sobre el tema y toma apuntes.

A 10 **8** Después de leer las siguientes preguntas, escucha el texto y toma apuntes de la información que se te pide. No te fijes demasiado en los detalles del contenido; el objetivo es hacerse una primera idea del texto. Para tomar notas, escribe en el idioma que te resulte más fácil y rápido.

a) ¿Qué tipo de texto es? ______________________

b) ¿Cuántas personas hay? ______________________

c) ¿Cuáles son los temas centrales? ______________________

A 10 **9** Vuelve a escuchar el audio. Esta vez, intenta completar la siguiente tabla. Este paso te ayudará a ordenar la información más importante en cuanto al contenido.

¿Quién?	¿Qué?	¿Dónde?	¿Cuándo?	¿Por qué?

D 8 Estrategia **10** Con la ayuda de tus apuntes, escribe un breve resumen de lo que trata el texto auditivo. Puedes consultar también la estrategia "Escribir un resumen".

¿Cómo se hace una comprensión detallada de un audio?

Comprender un texto de forma detallada significa que hay que entender casi todos los detalles.
Para ello, tienes que escuchar atentamente la grabación.

Consejos para comprender detalladamente un texto auditivo

1. Lee atentamente la(s) tarea(s) y concéntrate solo en lo que se pide.
2. Toma notas, no escribas frases completas porque vas a perder mucho tiempo.
   Si te resulta más fácil, puedes escribir las notas en tu lengua materna.
3. Revisa los apuntes. Vuelve a leerlos y decide si realmente todo lo que has apuntado es importante.
   Además, pregúntate qué información podría faltar y completa tus apuntes escuchando el audio otra vez.

11 Estás participando en un proyecto sobre las consecuencias del cambio climático en España. Tienes que redactar diferentes artículos acerca del tema. El primero va a ser sobre una noticia que vas a escuchar en la radio.

a) Antes de escuchar, mira la foto y piensa cuál puede ser el tema de la noticia.
Completa el vocabulario en la ficha de al lado.

A 11 **b)** Ahora escucha la noticia y comprueba tu hipótesis.

En la foto veo:
- un fuego / un incendio
-
-
-
-
-

A11 **12** Escucha de nuevo la entrevista y completa los aspectos de abajo con la información necesaria para el artículo que vas a redactar.

Lugar del suceso: ______

Hora del comienzo del incendio: ______

Causa(s) del incendio: ______

______

Dispositivos para apagarlo: ______

______

Personas afectadas: ______

______

Consecuencias: ______

______

13 ¿Qué otra información consideras importante para escribir tu noticia? Apúntala a continuación.

____

____

D9 Estrategia **14** Redacta la noticia en tu cuaderno. Para ello, puedes consultar también la estrategia "Escribir un artículo".

¿Cómo se hace una comprensión selectiva de un audio?

Para comprender un texto de forma selectiva, no es necesario entenderlo todo; es suficiente con entender la información que se pide en la(s) tarea(s). Para ello, solo tienes que escuchar detenidamente las partes en donde aparece la información. El resto de la información no te interesa. Para identificar las partes del texto con la información deseada, piensa antes en las palabras que pueden ser clave. De este modo, cuando escuches las palabras, presta especial atención.

Activar el vocabulario y los conocimientos previos

15 Mira la foto e imagina que estás en esta estación o en uno de los trenes: ¿Qué anuncios o mensajes se pueden escuchar? Marca los temas que suelen aparecer en este tipo de mensajes:

- **a)** Horarios ☐
- **b)** Equipaje ☐
- **c)** Deportes ☐
- **d)** Servicio de restauración ☐
- **e)** Retrasos ☐
- **f)** Medicinas para el viaje ☐
- **g)** Oferta de películas ☐
- **h)** Literatura ☐
- **i)** Averías ☐
- **j)** Jardinería ☐

16 No entender este tipo de mensajes informativos cuando estamos de viaje en un país extranjero puede dar lugar a malentendidos. ¿Te has encontrado alguna vez en una situación así? Piensa en alguna de las consecuencias.

____

____

____

Viajando en tren

17 Antes de escuchar los avisos, lee detenidamente las preguntas de la tarea 18. Marca las palabras clave para identificar lo que necesitas saber y, después, concéntrate solo en lo que buscas.

A 12–A 19 **18** Escucha los mensajes. Fíjate en las palabras clave y elige la respuesta correcta. Solo hay una.

a) El tren con destino a San Sebastián efectúa parada en...

☐ ... Valladolid y Murgo.
☐ ... Sevilla y Valladolid.
☐ ... Segovia y Burgos.

b) El tren efectuará su marcha...

☐ ... a las 8:47 minutos en Valladolid.
☐ ... a las 18:47 minutos hacia Valladolid.
☐ ... a las 18:47 minutos desde Valladolid.

c) Fumar está prohibido, excepto...

☐ ... en espacios reservados de las estaciones de tren.
☐ ... en espacios reservados del tren.
☐ ... junto a la ventana del tren.

d) El equipaje...

☐ ... puede ser retirado por el personal de servicio en todo momento.
☐ ... ha de ser una maleta o bolsa.
☐ ... ha de ser vigilado.

e) La oferta de comida...

☐ ... excluye el gazpacho.
☐ ... consiste en dos menús de tres platos.
☐ ... no tiene postre.

f) Hay máquinas expendedoras de bebidas ...

☐ ... en tres vagones.
☐ ... en los vagones 8 y 15.
☐ ... en los vagones del final.

g) Para ver las películas...

☐ ... hay que tener auriculares.
☐ ... hay que hablar con el personal en los diez minutos siguientes.
☐ ... hay que elegir el canal.

h) Debido a una avería, ...

☐ ... el vagón número diez permanecerá detenido durante media hora.
☐ ... el tren estará media hora detenido.
☐ ... no circulará el tren número diez.

Viajando en autobús

19 Estás en la estación de autobuses de Atocha, en Madrid, y quieres ir a Granada.
Antes de escuchar el aviso, subraya tu destino de viaje aquí en la formulación del ejercicio.

A 20 **20** Escucha el aviso y concéntrate en tu destino de viaje. Apunta solo la información que necesitas (hora de salida, andén):

____

____

____

____

____

____

____

____

____

____

____

El boom del pódcast

El pódcast está de moda. En los últimos años, el pódcast se ha hecho cada vez más popular, pero, ¿por qué? La mayoría son gratuitos y se pueden escuchar en cualquier momento y, si los descargas, no tienes ni que estar conectado a Internet. Todos los programas de radio emiten pódcast. También puedes encontrar pódcast en blogs, diferentes páginas web y plataformas de streaming.

21 Antes de escuchar un pódcast, piensa en los diferentes tipos de pódcast que hay: ¿Qué características tienen? ¿Qué tipo(s) de pódcast te gusta(n)? ¿Por qué? Haz un mapa mental para anotar tus ideas.

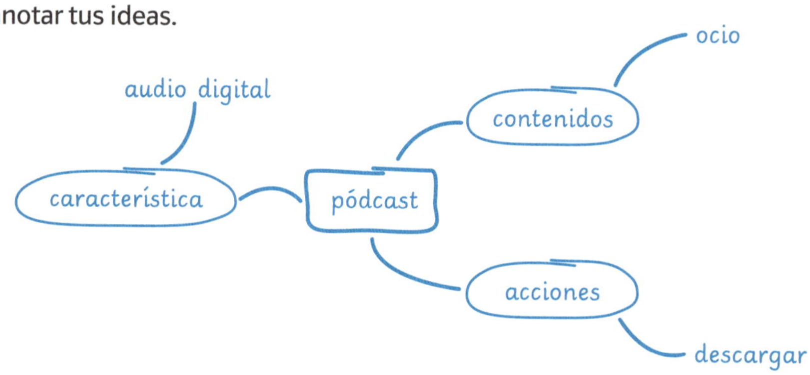

Muerte en el sillón

A 21 **22** Escucha el siguiente pódcast y marca con una cruz de qué tipo es.

☐ De literatura. ☐ De crimen. ☐ Histórico. ☐ De terror.

23 Elige el título más adecuado. Justifica tu elección.

a) Planes criminales en la discoteca
b) La historia de una pareja normal
c) Asesinato del marido por los amantes
d) El amor es lo importante

A 21 **24** Vuelve a escuchar el pódcast y relaciona a los personajes con los objetos o lugares de las fotos. Para ello, escribe los personajes correspondientes (el amante, Luis, Carla) debajo de cada foto.

1

____

2

____

3

____

4

____

25 Marca con una cruz los adjetivos que mejor definen a la pareja formada por Luis y Carla:

- [ ] tranquila
- [ ] aburrida
- [ ] amable
- [ ] inseparable
- [ ] unida
- [ ] espontánea
- [ ] pasional
- [ ] rara

26 Responde las siguientes preguntas.

a) ¿Adónde iba Carla todas las tardes? __________

b) ¿Qué hecho cambió la vida de la pareja? __________

c) ¿Qué rumoreaban los vecinos? __________

d) ¿Cuándo desapareció Carla? __________

e) ¿Cómo encontró la policía al marido? __________

f) ¿Qué se llevó la mujer, según la policía? __________

27 Explica quién supones que asesinó al marido y cuáles fueron los motivos.

____

____

____

La continuidad de los parques

El relato titulado "La continuidad de los parques" de Julio Cortázar (1914–1984) pertenece al género del realismo mágico, que implica la presencia de elementos de magia en un ambiente que es usualmente ordinario y realista, es decir, el cuento presenta cosas raras o mágicas como normales o cotidianas.
Julio Cortázar fue un escritor argentino. Es considerado el maestro del cuento o la narración breve. Algunos de sus libros de cuentos son *Bestiario* (1948), *Historias de cronopios y famas* (1951) y *Las armas secretas* (1949). También escribió novelas, quizás la más conocida sea *Rayuela* (1962), y poemas.

MK **28** Busca el cuento en Internet y léelo. Las estrategias correspondientes te ayudarán a buscar el texto en Internet y a entenderlo. Contesta las siguientes preguntas.

D 1, D 10 Estrategias

a) El final de la historia queda abierto. Según tu opinión, ¿cómo termina la historia? Escribe el final.
b) En el relato se entremezcla la ficción del lector del libro con la ficción de los amantes. Analiza en qué momento del relato ocurre.
c) Comenta qué nos quiere decir el autor al mezclar la ficción de un hombre que está leyendo una novela con los acontecimientos que suceden en la novela.
d) Comenta la relación que tiene el título con la historia.

29 Compara el pódcast que has escuchado con el cuento de Cortázar. ¿Qué diferencias hay y qué tienen en común? Haz una tabla para anotarlo.

D 6 Estrategia

30 ¿Qué te gusta más: el pódcast o el cuento? Justifica tu opinión. La estrategia de al lado te ayudará.

¡A grabar un pódcast de crimen y misterio!

Tu instituto está organizando un concurso de pódcast. El tema es "Cuentos mágicos". Si es posible, trabajad en grupos para grabar vuestro pódcast basándoos en el relato "La continuidad de los parques" de Julio Cortázar. El pódcast tendrá una duración de unos tres minutos. Las siguientes tareas os van a ayudar a producirlo.

D11 Estrategia **31** Repartid los siguientes papeles: director/a, redactor/a jefe, narrador/a (y locutor/a), técnico o técnica, editor/a de sonido. Leed también la estrategia "Hacer un pódcast".

32 Volved a leer detenidamente el cuento para preparar los efectos de sonido. Para ello, marcad los personajes, lugares y objetos que puedan necesitar determinados sonidos en diferentes colores.

33 Anotad las escenas del cuento y completad la siguiente tabla con vuestras ideas para producir los efectos de sonido. Tened también en cuenta vuestros resultados del ejercicio 32.

Escena en el cuento	Sonido(s) que se escucha(n)	Objeto(s)	Efecto(s) de sonido: ¿Qué hacer para simular el sonido?
El hombre lee la novela.	Pasar hojas.	Un libro o varios papeles.	Pasar hojas.
La mujer entra en la cabaña.		Zapatos de tacón (alto).	
	Besos.		
	Un diálogo anhelante ("como un arroyo de serpientes").		
Se despiden en la puerta de la cabaña.			
			Aplastar hojas secas, respirar y soplar por la boca de una botella (= viento).
El amante entra en la finca.			
			Subir una escalera de madera con pasos apenas audibles.

34 Tomad notas para la grabación del pódcast. Podéis utilizar el siguiente esquema para organizar la grabación. Para completar el guion, ...
- anotad la/s persona/s responsable/s de cada parte.
- preparad los textos. También podéis incluir diálogos entre los personajes.
- apuntad los efectos de sonido. La tabla de la página 24 os puede ayudar.

Estructura del pódcast	Responsable(s)	Texto	Efecto(s) de sonido
1. Música y título	Director, narrador, editor de sonidos		Música...
2. Presentación del tema (p. ej.: concurso del instituto, Cortázar, realismo mágico, pódcast de crimen y misterio, etc.)		Bienvenidos, ...	
3. Cuento • primera parte (hombre leyendo en el sillón) • segunda parte (encuentro de los amantes en la cabaña) • tercera parte (camino a la finca) • cuarta parte (encuentro del amante con su víctima)			
4. Despedida y música			

35 Antes de iniciar la grabación, ensayad el texto y los efectos de sonido varias veces.

36 Grabad vuestro pódcast: Para mezclar diferentes pistas de audio (como p. ej. el texto contado por el narrador y un efecto de sonido), podéis utilizar un programa gratuito (como p.ej.: Audacity, GarageBand u Ocenaudio). Además, existen muchos tutoriales online sobre las funciones de estos programas.

D6 Estrategia **37** Escuchad los diferentes pódcast. ¿Qué pódcast ganará el concurso? Evaluad los cuentos fantásticos en clase. La estrategia "Expresar su opinión" os puede ayudar durante la evaluación.

3 Imágenes y películas

¿Cómo se describen e interpretan imágenes?

1 Trabajad en parejas: Mirad la siguiente foto y buscad un título para a la escena. Justificad vuestra propuesta en clase y votad cuál es el mejor título para la imagen.

Expresiones

el mercadillo	*der Straßenmarkt*	el césped	*der Rasen*
la lona	*die Plane*	la manta	*hier: der Umhang*
el traje típico	*die typische Kleidung*	la cerámica	*die Keramik*
de varios colores	*bunt*	pintado, -a a mano	*handbemalt*
		artesanal	*(kunst)handwerklich*

D12 Estrategia

2 Describe e interpreta la foto siguiendo los siete pasos de abajo. Utiliza el vocabulario adecuado y piensa también en los conectores para crear una buena estructura. La estrategia "Describir y analizar una imagen" y el vocabulario te pueden servir de ayuda.

Siete pasos para describir e interpretar una imagen

1. Escribe tu **primera impresión**: ¿Qué piensas sobre la imagen? ¿Qué asociaciones tienes?
2. Di de qué **tipo de imagen** se trata: cuadro, dibujo, cartel, foto, caricatura, (autor)retrato, viñeta de cómic, etc.
3. Si la imagen tiene título o fecha y si conoces al artista, empieza tu descripción con una breve **introducción** en la que des esa información.
4. Describe **el contenido de la imagen** de manera detallada, sistemática y objetiva.
   - Empieza describiendo a las personas o los objetos que están en primer plano o en el centro.
   - Después, describe todo lo que veas alrededor de esas personas o de esos objetos.
   - Acaba describiendo el fondo.
5. Analiza **el ambiente** de la imagen: ¿Qué te parece la imagen? Justifica tu opinión. Ten en cuenta también los colores y la perspectiva de la imagen.
6. Expón **la intención** explicando el posible significado del efecto de la imagen. Además, relaciona la imagen con el contexto histórico, político o social.
7. Da **tu opinión**: ¿Qué piensas sobre la imagen? Justifica tu respuesta.

3 Trabajad en pareja o en grupo e inventad un diálogo. Para ello, cada uno elegirá a una persona de la foto a la que representará después haciendo un juego de roles.

¿Cómo se comparan imágenes?

4 Compara las dos fotos. Para ello, observa primero las dos fotografías con atención y contesta las preguntas de la tabla de más abajo.

1

2

Expresiones

el barrio de chabolas	*der Slum*	el edificio escolar	*das Schulgebäude*
la chabola	*die Hütte*	en buen estado	*in gutem Zustand*
el taburete	*der Hocker*	el uniforme	*die (Schul-)Uniform*
cepillarse (el pelo)	*sich (das Haar) bürsten*	pulcro, -a	*gepflegt (Äußeres)*
el chándal	*der Jogginganzug*	hacer un corro	*im Kreis stehen*
pedir limosna	*betteln*	el material escolar	*die Schulsachen*

	Primera foto	Segunda foto
¿Quiénes son los personajes principales?		
¿Dónde están y qué están haciendo?		
¿Qué más detalles puedes dar?		
¿Cómo es el lugar?		
¿Qué temática plantea la foto?		

5 ¿Qué semejanzas y diferencias hay? Marca en la tabla de arriba las semejanzas más importantes entre las dos fotos con verde y las diferencias en amarillo.

6 Analiza en detalle las dos fotografías. Para ello, anota en la tabla de debajo las diferencias de acuerdo con los siguientes aspectos.

	Primera foto	Segunda foto
Aspecto físico de las personas		
Situación familiar		
Educación / ocupación laboral		
Salud / atención médica		
Desafíos y retos en su vida cotidiana		
Deseos		
Perspectivas de futuro		

7 Escribe las diferencias y las semejanzas entre las dos situaciones representadas en las fotografías completando las frases siguientes.

Al comparar las dos fotografías, se puede observar que ______________________________

____

A diferencia de ______________________________

____

Mientras que ______________________________. Sin embargo,

____

Al igual que ______________________________

____

D 13 Estrategia

8 Escribe un análisis comparativo con ayuda de tus resultados de arriba y los conocimientos adquiridos en clase. También puedes incorporar tus conocimientos personales acerca del tema. Piensa, además, en el vocabulario adecuado para comparar y contrastar diferentes aspectos, que encontrarás en la estrategia correspondiente.

¿Cómo se analiza un cuadro?

Ya sabes analizar imágenes. Los cuadros se analizan básicamente de la misma manera, pero, en comparación con la fotografía, la obra de arte es aún más subjetiva. Para interpretar la realidad, el artista consigue diferentes efectos al usar las formas, la perspectiva y los colores de manera creativa. En las siguientes tareas podrás aplicar las estrategias ya aprendidas para interpretar una obra. Además, vas a analizar la colocación de los elementos, los colores y la luz.

9 Tómate tu tiempo para observar el siguiente cuadro. Disfruta de su composición y de la colocación de los objetos y las personas, del uso de los colores y de la luz.

Theodor de Bry: La primera llegada de Colón (1594)

Expresiones

el descubrimiento	*die Entdeckung*	estar desnudo, -a	*nackt sein*
el Nuevo Mundo	*die neue Welt*	ser ingenuo, -a	*naiv sein*
la cristianización	*die Christanisierung*	el oro y las joyas	*das Gold und der Schmuck*
el conquistador	*der Eroberer*	el joyero	*der Schmuckkasten*
el equipamiento	*die Ausrüstung*	la profecía	*die Prophezeiung*
la armadura	*die Rüstung*	superior ≠ inferior	*über- / unterlegen*

MK **10** ¿De qué situación trata el cuadro de Theodor de Bry? Busca información en Internet sobre el pintor, su obra y el contexto histórico. La correspondiente estrategia te puede servir de ayuda.
D1 Estrategia

11 Describe la obra con ayuda de los pasos 2 a 4 de la página 26. Ten en cuenta también los resultados de tu búsqueda en Internet.

12 Analiza la obra contestando las preguntas de abajo. Los pasos 5 y 6 te pueden ayudar también.

a) ¿Qué intención tendrá el pintor? Analiza los diferentes elementos y su importancia.
b) ¿Qué emociones provocan en ti? Recuerda también tu primera impresión del cuadro.
c) ¿Hay contrastes? Explica los efectos que causan.
d) ¿Qué más te llama la atención y por qué?

D6 Estrategia **13** Escribe una interpretación del cuadro teniendo en cuenta los pasos de la página 26: Empieza con una introducción, sigue con la descripción y la interpretación, y termina dando tu opinión.

¿Cómo se interpreta una caricatura?

El caricaturista deforma la realidad para transmitir alguna crítica. Para ello, exagera y destaca ciertos rasgos de una persona o de un acontecimiento. Cuando quieres analizar una caricatura, los pasos de la página 26 te servirán de ayuda. Además, ten en cuenta estos aspectos:

- La información escrita en la caricatura: los bocadillos (*Sprechblasen*), los títulos, las anotaciones o cualquier otro tipo de información general.
- La descripción del contenido: ¿Cómo son los personajes principales? ¿Qué colores se utilizan y qué simbolizan?
- La interpretación detallada: Explica el efecto que causa la caricatura en el espectador, es decir, lo que quiere transmitir el caricaturista.
- La relación entre la caricatura y su contexto histórico, político o social: ¿Cuál será la intención del caricaturista?

14 Con ayuda de los pasos de la página 26 y de los aspectos de arriba, interpreta esta caricatura.

Expresiones

el monje	*der Mönch*
el hábito	*die Kutte*
el dedo erguido	*der erhobene (Zeige)Finger*
el casco	*der Helm*
la espada	*das Schwert*
la bandera	*die Flagge*
llevar plumas	*Federn tragen*
la roca	*der Felsen*
la maleza	*das Gestrüpp*
dar mal rollo	*etwa: me preocupo de*

15 Compara el cuadro de Theodor de Bry de la página 29 con la caricatura de Faro. Ten en cuenta los diferentes pasos para comparar imágenes (páginas 27 y 28).

a) Copia y rellena la siguiente tabla.

	El cuadro de Theodor de Bry	La caricatura de Faro
Tema (personas, lugar, hecho histórico)		
¿Cómo actúan las personas?		
Realización creativa (colocación de los elementos, colores, luz, perspectiva)		
Intención del artista en su contexto contemporáneo (*zeitgenössisch*)		

b) Ahora marca las semejanzas en verde y las diferencias en amarillo.

c) Finalmente, escribe un análisis comparativo con ayuda de la estrategia correspondiente.

D 13 Estrategia

¿Cómo se diseña un cómic?

¿Te gusta leer cómics? Ya en el siglo XIX se publicaron las primeras historietas españolas. Poco después, a principios del siglo XX, se inventaron los globos o los bocadillos de diálogo, como los conocemos hoy en día y que son la característica más evidente de los cómics. Entretanto, se ha desarrollado una gran variedad de tipos y géneros del cómic, que se leen en todo el mundo, como por ejemplo, los cómics fantásticos, los policíacos, los de superhéroes o los mangas japoneses.

Cinco pasos para diseñar un cómic

1. **Formula la intención** del cómic, por ejemplo, determina si quieres divertir al lector o si te gustaría criticar algo de manera humorística. Decide qué tipo de cómic vas a diseñar.
2. **Haz una lluvia de ideas**: ¿De qué trata tu cómic? ¿Quiénes son los personajes? ¿Qué dicen? Inventa la acción del cómic.
3. **Crea un guion gráfico** (*storyboard*) para mostrar visualmente las diferentes escenas del cómic: ¿Cuáles serán las escenas clave? ¿Cómo se presentarán y qué acciones se realizarán?
4. **Escribe los diálogos** para cada escena teniendo en cuenta el guion gráfico, pero cuidado: ¡con muy pocas palabras! Un cómic tiene muchos dibujos, pero poco texto.
5. **Diseña tu cómic** utilizando una aplicación de Internet. Para ello, sigue los diferentes pasos del ejercicio 20.

Ya sabéis mucho sobre la conquista de América. ¿Por qué no diseñáis un cómic sobre el primer encuentro entre los conquistadores y los indígenas? Para realizar esta tarea tan compleja, dividíos en grupos. Los siguientes ejercicios os enseñarán a desarrollar vuestra propia historieta.

16 ¿Cuál es vuestro objetivo? ¿Qué efecto debe causar vuestro cómic? Nuestro cómic debe ser…

☐ informativo. ☐ divertido. ☐ para reflexionar. ☐ auténtico. ☐ ____________________.

¿Por qué? Justificad vuestra opinión: ____

____

17 Haced una lluvia de ideas en forma de mapa mental. Pensad en posibles situaciones para los conquistadores y los indígenas, teniendo en cuenta vuestro objetivo.

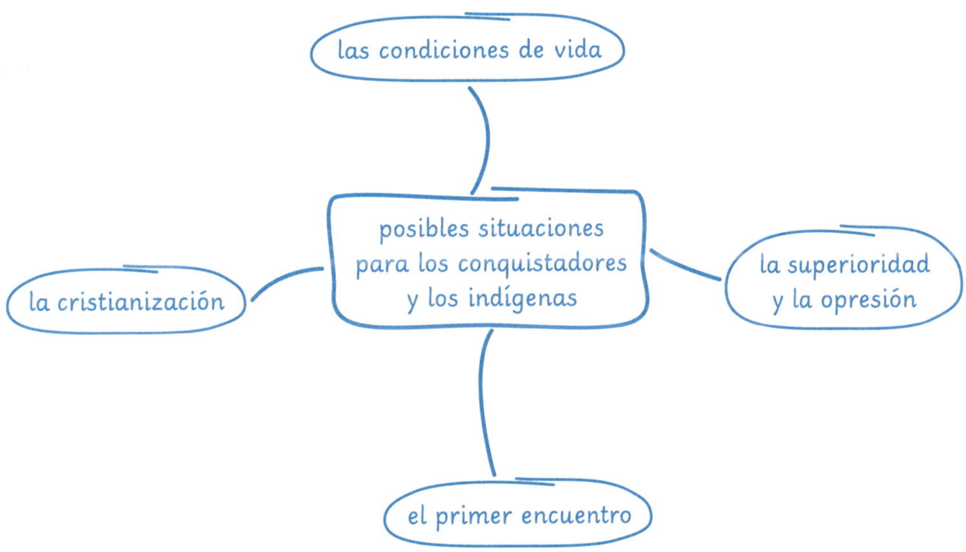

18 Cread un guion gráfico (*storyboard*) siguiendo estos pasos:

a) Realizad una lista cronológica de los principales acontecimientos de la historia.
b) Haced un esquema aproximado de cada escena y apuntad debajo qué está pasando. Los siguientes consejos os pueden servir de ayuda:
- En cada dibujo debe ocurrir algún tipo de acción.
- Preguntaos qué queréis expresar con cada imagen y qué están haciendo los personajes (p. ej.: peleando, divirtiéndose).
- Además, tened en cuenta el escenario: ¿Es importante tener cierto paisaje u otro fondo detrás de los personajes?

19 Mirad vuestro guion gráfico y concentraos en el objetivo de vuestro cómic. Escribid los diálogos para cada escena, teniendo en cuenta los siguientes consejos.

- Recordad que un cómic tiene muchos dibujos, pero poco texto. Especialmente los diálogos (= bocadillos) son muy cortos.
- Utilizad el imperativo para expresar sorpresa, miedo, rabia o cualquier otro sentimiento.
- Escribid en lenguaje coloquial y utilizad onomatopeyas (*Lautmalerei*).

Expresiones

Onomatopeyas

ay	*grito de dolor*
chis, chas	*ruido de espadas en la lucha (Kampf)*
crash	*sonido de algo que se rompe*
glglgl	*aturdimiento (Benommenheit) por un golpe*
grrr	*expresa un fuerte enfado*
jua	*risa exagerada*
ñam	*ruido que se hace al comer*
paf	*ruido que hace una bofetada (Ohrfeige)*
rataplán	*sonido del tambor*
shhh	*petición de silencio*
uf	*expresa cansancio, fastidio o asco (Ekel)*
uuuaaay	*fuerte llanto (Weinen)*
zzz	*persona o animal dormido*

20 Diseñad vuestro cómic utilizando una aplicación (p. ej.: *Comic Life*). Para ello, podéis buscar "comic app" en Internet. Lo mejor sería que no tuviérais que registraros. Cuidado porque a menudo hay opciones que no son gratis.

a) Elegid un modelo de diseño para crear la (primera) página de vuestra historieta. Los modelos de diseño ofrecen diferentes cantidades y formas de imágenes.
b) Colocad vuestros dibujos en el modelo de diseño. ¡No olvidéis guardar vuestro trabajo!
c) Para dar vida a vuestra historieta, añadid los textos y los bocadillos a los dibujos. Además, podéis elegir entre diferentes colores y tamaños de letra (*Schriftgröße*) para diseñar los textos y los diálogos.
d) Si tenéis más dibujos y diálogos, cread otra(s) página(s) siguiendo los pasos a) a c).
e) Al final, podréis leer todo el cómic pasando las hojas de vuestra historieta. También podéis imprimir o enviar el cómic por correo electrónico.

¿Cómo se puede analizar una película?

Una película es una sucesión de imágenes acompañadas de sonido que cuentan una historia. Vas a analizar unas imágenes fijas y unas secuencias de la película colombiana "Pájaros de verano", dirigida por Cristina Gallego y Ciro Guerra. El lugar de la acción es La Guajira (Colombia).

21 Describe el **cartel de la película** con ayuda de los conocimientos que has adquirido en este capítulo. Al final, apunta si quieres ver la película y por qué (no).

Expresiones

la tormenta	*das Gewitter*
el busto	*der Oberkörper*
el pañuelo para la cabeza	*das Kopftuch*
disolverse en algo	*sich in etw. auflösen*
la sangre	*das Blut*
la bola de fuego	*der Feuerball*
la camioneta	*der Pick-up*
el combatiente	*der Kämpfer*
disparar	*(sich) (be)schießen*
amenazante	*bedrohlich*

22 ¿Qué tipo de película esperas después de ver este cartel? Marca y justifica tu opinión.

☐ Una película de acción. ☐ Un drama. ☐ Una película de amor.

D 14 Estrategia **23** Busca en Internet el **tráiler de la película**: ¿De qué trata? Comprueba tu hipótesis y apunta tus primeras impresiones. La estrategia "Hablar de una secuencia visual" te servirá de ayuda.

24 Analiza los **ángulos de la cámara**: Mira los fotogramas y rellena los huecos.

Ángulo de la cámara	 El ángulo bajo (*Untersicht*)	 El ángulo alto (*Aufsicht*)	 El ángulo recto (*Normalsicht*)
Descripción	El personaje se ve desde ______________. El extremo de esta perspectiva es la vista de gusano (*Froschperspektive*).	El personaje se ve desde ______________. El extremo de esta perspectiva es la vista de ______________ (*Vogelperspektive*).	La cámara está a la altura de la ______________ de los personajes.
Efecto	La persona parece más ______________ e impresionante. Muchas veces simboliza superioridad o triunfo.	La persona parece más ______________. Esto puede expresar ______________ o humillación.	La perspectiva es neutra, no hay ni ______________ ni ______________ en la relación entre los personajes.

Los planos *(Einstellungsgrößen)*

Los planos se definen según el tamaño (*Größe*) de los personajes dentro del cuadro.

25 Lee las explicaciones de debajo y rellena la tabla con la explicación correspondiente a cada plano.

Plano	 El plano general *(Totale)*	 El plano americano *(Amerikanische Einstellung)*	 El primer plano *(Porträt)*
Descripción			
Función			

Incluye la cara del actor, a veces también el cuello y los hombros.

Se usa para mostrar el comportamiento y las reacciones de los personajes.

Muestra dónde se encuentran los personajes y la escena.

Contiene el cuerpo del actor desde la cabeza hasta la cadera (*Hüfte*).

Se utiliza tanto para el diálogo como para presentar al personaje y el espacio en el que este se encuentra.

Se emplea para introducir el lugar y la acción.

El sonido

El sonido de una película se compone de los ruidos, los diálogos y la música. Los ruidos son los sonidos "normales" de la acción (p. ej.: un murmullo de voces). La música puede ser un sonido del ambiente "normal" (p. ej.: cuando la escena se desarrolla en una discoteca). Sin embargo, muchas veces la música no es parte de la escena real, sino que se trata de música de fondo: Transmite emociones o crea tensión. Además, puede subrayar el ritmo del relato o puede actuar como *leitmotiv* evocando temas y / o personajes.

V1 **26** Escucha los sonidos del siguiente fragmento de la película "Pájaros de verano" sin mirar la pantalla y contesta las siguientes preguntas:

a) Enumera los ruidos que se oyen en esta secuencia.
b) ¿Cómo te imaginas el lugar y la acción teniendo en cuenta solo los sonidos?
c) ¿Hay algo más qué te llame la atención?

27 Ahora escucha los sonidos del fragmento mirando la pantalla: ¿Qué función tienen los sonidos y qué quiere subrayar o lograr el director con estos sonidos en la escena?

28 ¿Qué ángulos de la cámara y qué planos se utilizan en este fragmento y qué función tienen?

La luz
La luz de una película puede ser natural o artificial, es decir, creada mediante focos (*Scheinwerfer*). La iluminación de las escenas es necesaria para que la imagen sea de buena calidad. La luz dirige la atención del espectador y destaca personas u objetos. Además, la iluminación nos informa sobre el lugar (p. ej.: interior o exterior) y el momento (mañana, noche, etc.) y puede ayudar a crear un ambiente emocional. Así, la oscuridad puede simbolizar secretos o el carácter negativo de una persona. Con la luz que viene por abajo las personas dan la impresión de ser amenazantes.

29 Mira estos dos fotogramas y explica qué ambiente crea la iluminación en cada una de ellas.

1

2

Un fragmento de la película "Pájaros de verano"
En la película "Pájaros de verano", una familia wayuu de la Guajira vive las consecuencias de uno de los negocios prohibidos más lucrativos del mundo: el tráfico de drogas, que pone en peligro la cultura de la tribu (*Stamm*), sus tradiciones y sus vidas, ya que se desarrolla un conflicto entre dos hermanos como consecuencia de la avaricia y de la sed de poder. En la siguiente secuencia se puede ver a los dos hermanos, Rafa y Moncho.

V2 **30** Mira la secuencia y escribe un resumen del contenido en tu cuaderno.

D14 Estrategia **31** Analiza la escena contestando las siguientes preguntas. Recuerda también la estrategia "Hablar de una secuencia visual".

a) ¿Qué ambiente causa la secuencia?
b) Explica cómo los ángulos de la cámara y los planos dirigen la simpatía y antipatía de los espectadores. ¿Con quién simpatizan y por qué? ¿Contra quién sienten rechazo y por qué?
c) Al final de la secuencia se ve a Bill desde abajo: Está de pie, mientras que los dos hermanos están sentados. ¿Qué función tienen el ángulo de la cámara y la posición (de pie / sentado) de los personajes?

D15 Estrategia **32** Escribe un monólogo interior y expresa los pensamientos y los sentimientos de Rafa al observar la fiesta de los americanos y durante la conversación con su hermano y Bill. La estrategia "Escribir un monólogo interior" te puede ayudar.

33 ¿Cómo crees que va a continuar la historia y cómo se va a desarrollar la relación entre los dos hermanos?

¿A ti te gusta leer?

En este capítulo te mostraremos diferentes estrategias que puedes usar a la hora de leer un texto en una lengua extranjera. Para empezar, vamos a pensar qué significa leer en general y cuáles son nuestros objetivos y motivos.

D 12 Estrategia

1 Describe la caricatura. Para ello, lee el texto de los bocadillos, así como el subtítulo de la caricatura. Después, explica los objetivos de la mujer para leer.

el desconfinamiento – die Aufhebung der Ausgangssperre; **portátil** – tragbar, mobil; **de bolsillo** – Taschen-

2 ¿A ti también te gusta leer? Confecciona un mapa mental con los motivos que tienes tú para leer.

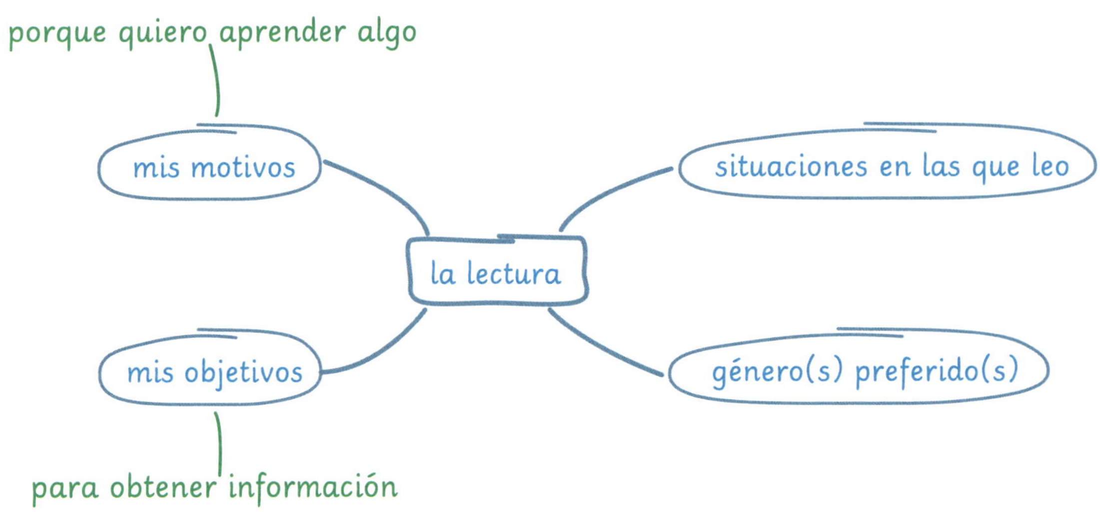

El libro tradicional: ¿un medio anticuado?

D 12 Estrategia

3 Describe las siguientes fotos: ¿Qué aspectos tienen en común? ¿Cuáles son diferentes?

1

2

4 De dos en dos, hablad sobre las ventajas y las desventajas de los libros tradicionales y de los libros electrónicos. Apuntad los resultados de vuestros debates en la siguiente tabla.
Después, comparad vuestras ideas en clase.

	Ventajas	Desventajas
El libro tradicional		
El libro electrónico		

D 13 Estrategia

5 Compara el diseño de la página de un libro tradicional con el de una página típica de un libro electrónico. Piensa también en la calidad y en el efecto que produce en el lector.

1

2
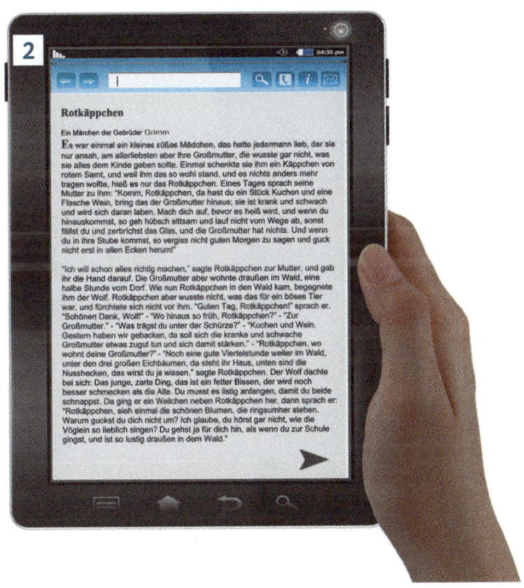

D 6 Estrategia

6 ¿A ti te gustan más los libros tradicionales o los electrónicos? Justifica tu opinión basándote en los resultados de las tareas anteriores. El vocabulario de la estrategia de al lado te puede ayudar.

¿Cuáles son tus puntos fuertes y débiles?

7 Para leer, es decir para comprender mejor, necesitamos y aplicamos diferentes estrategias. Marca en esta lista las que tú usas para leer y comprender mejor.

Comprensión lectora		🙂	😐	🙁
ANTES	Antes de empezar con un texto, leo las instrucciones y las tareas para saber qué tengo que hacer exactamente con él y en qué aspectos debo concentrarme.			
	Primero leo el título y observo las ilustraciones (si las hay). Después, empleo esta información para formular hipótesis sobre el tema del texto.			
	Activo también mis conocimientos sobre el tema del texto que voy a leer porque pueden ayudarme a comprenderlo mejor.			
	Además, preparo una lista de vocabulario específico que conozco sobre el tema y que también me puede ayudar.			
DURANTE	Durante la lectura, intento encontrar la información principal y tomo apuntes en el margen. También subrayo palabras o frases clave.			
	Utilizo colores diferentes para marcar argumentos y contraargumentos, descripciones y acciones, causas y consecuencias, etc., en función de la tarea.			
	Apunto el contenido en un mapa mental, en el que represento las referencias lógicas con símbolos y otros signos.			
	Intento contestar las cinco preguntas: ¿Qué?, ¿Cómo?, ¿Dónde?, ¿Cuándo? y ¿Por qué? Escribo las respuestas en el mapa mental o en una tabla.			
	Leo el texto sin hacer muchas pausas y me concentro en las palabras que conozco y no en el vocabulario desconocido.			
	Deduzco el vocabulario desconocido con ayuda del contexto, de otras lenguas, de palabras de la misma familia o de prefijos, sufijos y raíces de una palabra.			
	Cuando leo un texto muy largo, compruebo constantemente que estoy siguiendo la tarea en todo momento.			
DESPUÉS	Reviso las hipótesis que he formulado antes de la lectura (véase más arriba) y las corrijo si es necesario.			
	Si es posible, cuento a un/a compañero/a lo que he entendido. Juntos intentamos aclarar nuestras dudas y comparamos qué estrategias hemos usado.			

8 Ahora evalúa qué estrategias son las que ya usas y qué aspectos puedes aún mejorar: ¿Qué fase de la lectura es la que más te cuesta? ¿A qué se debe la dificultad? Elige una o dos estrategias que normalmente no aplicas y úsalas durante la lectura de "Buenos días, Laia" (p. 42/43).

MK
D1
Estrategia

9 Lee el texto sobre motivación y mira el dibujo de al lado. ¿Cómo se llama en español a una persona que lee mucho y a la que le encantan los libros? Busca la expresión adecuada en Internet y anótala debajo de la ilustración.

A veces es difícil motivarse y concentrarse durante la lectura de un texto que no hayas elegido tú según tus intereses y que simplemente tengas que leer por obligación. En este caso no te dejes llevar y rechaces el texto sin más; acércate al texto de forma racional, estructurando tu trabajo según la tarea. Tal vez, el texto resulte ser más interesante de lo que habías pensado antes y, paso a paso, te transformas en...

Bücherwurm = ____________________

¿Qué tipos de lecturas hay?

Muchas veces, las tareas de comprensión lectora que realizamos en clase forman la base para el análisis de un texto, por ejemplo, en cuanto a su estructura, su lenguaje o la intención del autor. En general, hay tres tipos de comprensión lectora: la comprensión global, la comprensión detallada y la comprensión selectiva. La primera lectura de un texto sirve básicamente para comprender su idea principal (comprensión global). Luego, durante la segunda lectura, nos concentramos en los detalles (comprensión detallada). En cambio, la lectura selectiva se usa para encontrar información concreta, como por ejemplo, al leer la programación de la televisión para saber cuándo comienza la película que quieres ver.

10 Decide a qué tipo de lectura corresponden los consejos de las casillas de más abajo. Marca con un **1** los consejos correspondientes a la lectura global, con un **2** los que puedas utilizar durante la lectura detallada y con un **3** los consejos útiles para la lectura selectiva. ¡Ojo!: Algunos consejos pueden servir para varios tipos de lectura.

1. Lectura global

2. Lectura detallada

3. Lectura selectiva

- [ ] Marca las palabras desconocidas, aunque no sea absolutamente necesario buscar el significado de cada palabra.
- [ ] Subraya las palabras clave y, si es necesario, anota al margen el número de la pregunta a la que se refiere el pasaje del texto.
- [ ] Toma notas en una hoja aparte o prepara un mapa mental con la información relacionada con el tema.
- [ ] Este tipo de lectura sirve para buscar detalles concretos en un texto.
- [ ] Este tipo de lectura sirve para obtener una idea general del tema.
- [ ] Para contestar las preguntas sobre el texto, marca la información con diferentes colores.
- [ ] Este tipo de lectura sirve para obtener información específica.
- [ ] No leas palabra por palabra.
- [ ] Consulta las preguntas que debas contestar.
- [ ] Apunta brevemente el tema central.
- [ ] Ojea el texto para seleccionar un dato concreto e importante.
- [ ] Fíjate en los títulos, las imágenes y las palabras clave.

¿Cómo se hace una comprensión global?

Recuerda que la lectura global sirve para obtener una visión general del tema. Para ello, fíjate en los títulos y en las imágenes. No leas palabra por palabra, sino marca las palabras clave y apunta el tema central del texto.

11 Aquí tienes cuatro novelas. Relaciónalas con los siguientes textos de presentación.

a) Para ello, observa las portadas y lee los títulos.

b) Lee por encima los textos de presentación. No leas palabra por palabra, sino marca las palabras clave para averiguar el tema central. De esta manera podrás relacionar los textos con las novelas.

Textos de presentación	Portada
La familia Soutelo lleva muchos años ocultando un secreto. Durante unos trabajos en su casa de campo que están arreglando en Galicia, aparece un cadáver. Clara, la hija de la familia, quiere descubrir qué ocurrió y comienza con una investigación que la lleva años atrás, hasta la Guerra Civil. ¿Qué ocurrió realmente? Esta excelente novela subraya la importancia de recordar para poder mirar con fuerza al futuro.	
A sus 15 años, Bruno se dedica a recoger por el barrio periódicos viejos. Lo hace para su vecina, la señora Pauli, que había emigrado durante la Segunda Guerra Mundial de Polonia a Barcelona donde se ganó la vida trabajando como bailarina. La señora Pauli busca buenas noticias en las páginas de esos periódicos y, después, hace con ellas aviones de papel que lanza desde su balcón. Las extrañas relaciones entre los protagonistas, su pasado y el misterioso piso de la señora Pauli le descubren al lector una historia fascinante.	
Tras la muerte de sus padres, Laia, de 21 años, tiene que hacerse cargo de su hermano pequeño, que padece el síndrome de Asperger. Poco a poco, Laia irá comprendiendo la forma de entender el mundo de su hermano, para poder encontrar juntos su lugar en un mundo que no tolera bien la diferencia.	
Ciberacoso. Algunos saben lo que es. Otros, no. Ahora todos se sienten responsables de la pesadilla que vivió Luis al otro lado de la pantalla. Miedo, indiferencia, cobardía, amor… son algunas de las razones que los paralizan, que les impiden reaccionar y actuar a tiempo. Hasta que pasó lo que pasó. Hoy una sola pregunta resuena en su mente: ¿Yo también pude pararlo? […]	

6 recoger – sammeln; **14 padecer** – sufrir; **17 el ciberacoso** – das Cybermobbing

12 ¿Qué libro de los anteriores recomendarías a alguien…

a) … que se interesa por el tema del ciberacoso?

b) … que prefiere novelas que estén situadas en un contexto histórico?

c) … que busca un libro sobre la vida de personas discapacitadas?

d) … que prefiere historias sobre las relaciones entre la gente y las cosas bonitas de la vida?

¿Cómo se hace una comprensión selectiva?

Recuerda que se usa la lectura selectiva para buscar información concreta. Por eso, no leas palabra por palabra, sino ojea el texto para contestar las preguntas del ejercicio.

13 Mira el índice de este cuaderno y contesta las siguientes preguntas. Para ello, lee detenidamente las preguntas y marca las palabras clave que, después, buscarás en el índice de contenido.

a) ¿En qué capítulo encuentras información sobre los medios digitales?

b) ¿En qué página aprendes a escribir un resumen?

c) ¿En qué capítulo practicas la comprensión auditiva?

d) ¿En qué página encuentras información sobre la interpretación de una caricatura?

e) ¿En qué páginas puedes informarte sobre el uso del subjuntivo?

f) ¿En qué página puedes aprender a mantener una conversación?

g) ¿En qué página puedes evaluar tus puntos fuertes y débiles a la hora de leer un texto?

h) ¿En qué capítulo practicas el uso del diccionario digital?

i) ¿En qué página puedes analizar una estadística?

¿Cómo se hace una comprensión detallada?

Recuerda que la lectura detallada sirve para buscar detalles concretos de un texto. Para ello, lee las preguntas antes de leer el texto. Subraya las palabras clave y, si es necesario, anota al margen el número de la pregunta a la que se refiere el pasaje del texto. Además, puedes tomar notas en una hoja aparte, preparar un mapa mental o hacer una tabla con la información más importante.

14 Antes de leer un extracto de la novela "Buenos días, Laia", lee la información sobre las características de los textos literarios. Mira la primera frase del extracto de más abajo y decide quién narra la historia, es decir, desde qué perspectiva narrativa se desarrolla el escenario.

Información

D 10 Estrategia

Características de los textos literarios

Los textos literarios son textos narrativos, como los cuentos, las novelas o los poemas. Para analizar un texto literario, estudiamos los elementos más importantes, aunque no siempre nos dedicamos a todos, sino que muchas veces nos concentramos en uno o dos de los siguientes aspectos: el autor, el tipo de narrador y de perspectiva narrativa, los personajes, el protagonista, el género del texto, el argumento, el escenario o la atmósfera. Cuando trabajes con un texto literario, ten claras primero tus expectativas de lectura. Si es necesario, lee el texto o algunos pasajes del texto varias veces. Además, ten en cuenta la relación entre la forma y el contenido.

15 Recuerda la información sobre "Buenos días, Laia" del texto de la página 40 y piensa en lo que ya sabes sobre esta novela: ¿Cómo te imaginas a Laia, su vida y la relación con su hermano?

16 Lee el extracto de la novela por encima y subraya las palabras clave para comprender globalmente el texto.

Hola, me llamo Laia y mi hermano es autista.
Eso es más o menos lo que mis compañeros de clase creían que tenía pintado en la frente. Las únicas personas con las que me relaciono, además de mis padres, son Carla y Ester. Están saliendo, así que suelen excluirme de sus escapadas románticas, pero también eran mi único apoyo en el instituto. Carla solía hacerme los deberes en el instituto y quedábamos para estudiar. Siempre en su casa, por supuesto. Muchas veces, Ester me dice que quiere conocer a Roger, pero yo siempre me niego.
A veces quedamos las tres para cenar en algún bar. Ellas se van turnando para invitarme a comer los lunes, porque saben que odio las lentejas. Sus madres ya me conocen y han ido perfeccionando la receta de los espaguetis. Supongo que esa es la verdadera amistad.
Aquel viernes, mis padres se habían ido a comer con unos amigos. Carla le había pedido a su madre que viniese a recogerme al instituto para llevarme a mi casa, que quedaba bastante lejos.
—Buenos días— dije al subir al coche.
Miriam, la madre de Carla, me saludó efusivamente. Era una mujer muy amable, tan amable como para guardarme un plato de espaguetis todos los lunes.
—Así que Gabriel y Alba se han ido a comer— dijo poniendo en marcha el motor.

—Sí, bueno. Supongo que no volverán muy tarde. No les gusta dejar a Ro tanto tiempo solo.
—¿Cómo está tu hermano, Laia? ¿Le va bien en su colegio?
Me sorprendí sin saber que decir. Nunca me intereso por cómo está o que hace Roger, porque no estoy segura de que ni a el mismo le interese.

—Sí, tiene muchos amigos— respondí a la defensiva. Frase estúpida: Ro es tan sociable como una puerta.

—Me alegro por él— aseguró Miriam con sinceridad—. La verdad es que ha tenido mucha suerte con la familia que le ha tocado. Sois los tres maravillosos.

Habría podido discutírselo, pero me contuve. La verdad es que culpaba a Ro de alejarme tanto de mis padres. Nunca quería estar con él y eso significaba no querer estar con ellos. Porque Ro era una constante en sus vidas y yo tan solo una posibilidad.

Giramos en la esquina y me costó reconocer el edificio en el que vivía. Había un coche patrulla enfrente y varios vecinos se aglomeraban en la entrada.

—Vaya, se ve que ha ocurrido algo— dijo Carla—. ¿Quieres que te acompañe?

No supe por qué, pero tuve la necesidad de no estar sola. Carla y yo bajamos del coche.

—Espérame aquí, mamá.

Al entrar en el edificio oímos a algunos vecinos murmurar sobre nosotras. La ancianita que vive en el primero se acercó a mí.

—Sube corriendo a tu casa— me dijo—. Hay dos policías hablando con tu hermano.

Abrí mucho los ojos al imaginar la escena. Me quité la mochila deprisa y subí las escaleras corriendo hasta el quinto.

Detrás de mi venía Carla. Dos policías tenían acorralado a Roger en la puerta de mi casa.

—¿Nos estas escuchando, chico?

—¿Dónde está tu hermana?

Lo sujetaban por los hombros. Mi hermano odia que lo toquen. Carla y yo nos abrimos paso entre los dos policías.

—¡Déjenlo en paz! — les ordené.

Los agentes se retiraron un poco, sorprendidos por mi intervención.

—Somos policías, señorita.

—Eso ya lo sé— dije nerviosa. Me di la vuelta—. Carla, ¿puedes acompañar a Ro a su habitación para que se relaje?

—Por supuesto. Vamos, Ro.

Guio suavemente a mi hermano hasta su dormitorio, sin tocarlo. Entonces yo encaré a los policías. Sin saber por qué, el modo en que habían tratado a Ro me había molestado más de lo que quería admitir.

—Mi hermano es Asperger— dije.

Al ver las caras que ponían, supe que no tenían ni idea de lo que significaba el término.

—Es autista— aclaré. ¿Puedo saber a qué han venido?

Fuente: Autor(en): Inés Cortell Cerdá, Bearb.: Silvia Vega Ordónez, Verlag/Subverlag: Ernst Klett Sprachen GmbH, 2018

3 la frente – die Stirn; **13 turnarse** – sich abwechseln; **42 contenerse** – sich beherrschen; **48 el coche patrulla** – der Streifenwagen; **57 murmurar** – flüstern; **57 el anciano, la anciana** – der/die Greis/in; **65 acorralar** – einkreisen; **68 sujetar** – festhalten; **79 guiar** – führen, begleiten; **80 encarar a alguien** – *hier:* jdm gegenübertreten; **83 admitir** – zugeben

17 Para comprender el texto detalladamente, sigue estas instrucciones:

a) Lee el texto otra vez y anota al margen de qué habla cada párrafo: Laia, Ro, su relación.
b) Marca la información con diferentes colores, como por ejemplo: (el carácter de) Laia, (el de) Ro o su relación.
c) Apunta la información importante en una tabla con la misma estructura que la de más abajo. Usa tus propias palabras y no olvides indicar también la(s) línea(s) en la(s) que has encontrado la información.

Laia:	**Ro:**
Su carácter:	**Su carácter:**

Su relación:

18 Caracteriza a Laia, a Ro y su relación. Para ello, ten en cuenta la información encontrada en el texto y saca una conclusión breve en cuanto a sus caracteres y a su relación.

19 Antes de leer el siguiente artículo, reflexiona sobre la información de más abajo acerca de los textos no literarios: ¿Qué sabes sobre el síndrome de Asperger? ¿Conoces a alguien que padezca este síndrome?

D16 Estrategia

Información

Características de los textos no literarios
Los textos no literarios suelen ser artículos de periódicos, textos publicitarios, discursos, recetas, etc. Nos encontramos con ellos todo el tiempo y en todas partes, por lo que también hablamos de textos funcionales. Estos textos tienen diferentes objetivos, entre ellos:

- Los textos publicitarios buscan convencer al oyente de algo.
- Las leyes o normas de la casa regulan la convivencia.
- Los artículos de periódicos y los reportajes informan al lector.
- Los comentarios en una entrada de blog expresan opiniones sobre un tema.

20 Lee el siguiente artículo y subraya las palabras clave para entenderlo globalmente.

Síndrome de Asperger en niños: características, síntomas y consejos

El síndrome de Asperger es uno de los trastornos del espectro autista (TEA) que genera gran controversia e incomprensión. El síndrome de Asperger, a primera vista, puede pasar desapercibido, pero sus características conllevan dificultades en las relaciones e interacciones sociales. Con mucha frecuencia, los niños que padecen síndrome de Asperger, son etiquetados de cosas que no son y tratados sin consideración, lo que puede dar lugar a sufrimiento innecesario. [...]

¿Qué es el síndrome de Asperger?

[...] Las personas que padecen síndrome de Asperger funcionan a nivel cerebral de manera diferente, por lo que su estilo cognitivo puede ser particular, a veces difícil de comprender y pueden presentar limitaciones en ciertas áreas y habilidades en otras.

¿Cuáles son las características de los niños con síndrome de Asperger?

Los niños con síndrome de Asperger no presentan ningún hándicap físico o cognitivo. Su inteligencia es normal, incluso a veces puede ser superior a la media. Sin embargo, presentan una forma de pensar que puede resultar peculiar, a veces tienen habilidades destacadas en áreas restringidas que pueden llamar la atención y tienen dificultades para comprender el mundo social, lo que conlleva dificultades para relacionarse con los demás.

Síntomas del síndrome de Asperger

Cada niño es diferente, y es normal que haya variabilidad de síntomas entre las personas que padecen síndrome de Asperger, pero podemos prestar atención a síntomas que pueden alertarnos. [...] [Los niños con síndrome de Asperger] suelen tener dificultades para conectar con niños de su edad, sus habilidades sociales son escasas y a veces parecen evitar el contacto. [...] Tienen dificultades para comprender las intenciones y deseos de los demás; son sinceros en exceso lo que puede hacerles parecer insensibles; no disfrutan del contacto social; tienen problemas para participar en juegos, suelen ser muy rígidos con las reglas; les cuesta salir de casa; tienen dificultades para controlar sus sentimientos; etc. [...] Presentan dificultades como: no suelen mirar a los ojos, entienden el sentido literal de lo que les dicen, dificultades en el ritmo y entonación del habla, tienen dificultades para comprender bromas e ironías, así como el lenguaje figurado, hablan mucho, a veces pueden resultar pedantes, etc. [...] Los niños con síndrome de Asperger suelen destacar en una serie de habilidades peculiares: tienen una memoria excepcional, pueden tener un sentido del humor peculiar, suelen ser muy creativos y se interesan por la ciencia. [...] Normalmente tienen intereses específicos, fijaciones mentales concretas, les cuesta ser flexibles y pueden seguir ciertos rituales de manera acérrima, les cuesta cambiar su rutina. Suelen ser repetitivos en ciertas costumbres o rutinas y tienden a ser perfeccionistas, pueden repetir las veces que sea necesario hasta obtener un resultado de su agrado. Suelen tener una alta sensibilidad: les molestan ciertos ruidos, texturas, colores, etc.

Consejos para actuar con niños con síndrome de Asperger en el aula y en la casa

Es muy importante enseñarles rutinas claras para relacionarse y comunicarse. Empezando desde las cosas sencillas como saludar o entablar una conversación, es importante enseñarle el tono de voz, fórmulas adecuadas, pautas de intercambio, etc. Al tener dificultades para entender el sentido figurado, las bromas o las ironías, es muy importante ser exactos en nuestros comentarios. Intentaremos evitar el uso de expresiones que den lugar a confusión, así como explicarles las bromas o ironías de otros.

Los niños con síndrome de Asperger tienen dificultades para entablar relaciones, pero necesitan relacionarse con otros niños, es importante favorecer sus interacciones. Para ello se aconseja comenzar con grupos reducidos, y ofrecer pautas para favorecer la relación. Necesitan entender emociones propias y ajenas. Para ello una buena opción consiste en explicarles nuestras emociones y preguntarles por las suyas. [...]

Fuente: Rubio 65 (texto abreviado)

1 el trastorno – die Störung; **5 desapercibido, -a** – unbemerkt; **13 cerebral** – Gehirn-; **14 cognitivo, -a** – kognitiv, geistig; **17 la habilidad** – die Fertigkeit, das Talent; **24 peculiar** – eigenartig; **25 destacado, -a** – hervorstechend; **25 restringido, -a** – beschränkt; **38 escaso, -a** – gering, dürftig; **41 en exceso** – im Übermaß; **60 acérrimo, -a** – hartnäckig, erbittert; **62 tender a algo** – zu etw. neigen; **70 entablar** – comenzar; **72 la pauta** – die Richtlinie

21 Anota la información importante sobre el síndrome de Asperger en un mapa mental. No olvides indicar también la línea en la que has encontrado esa información. La siguiente estructura te puede ayudar.

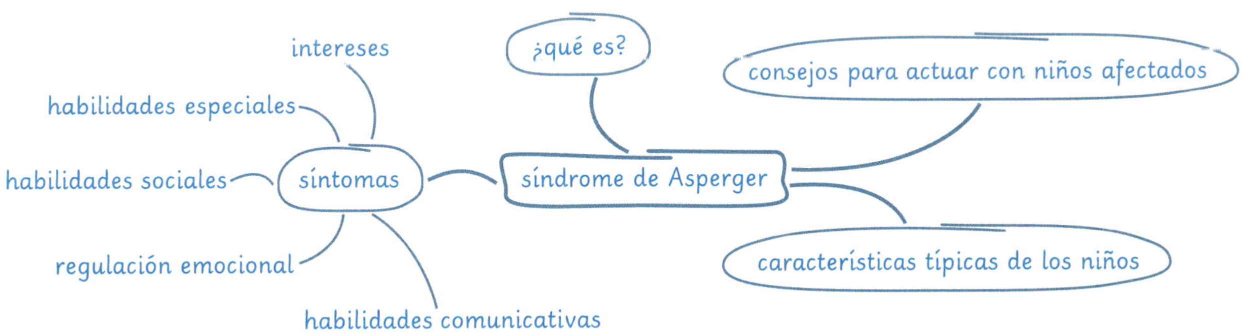

22 Completa la frase: Los niños con síndrome de Asperger ______________________________

____.

23 Lee las frases y decide si son verdaderas (v) o no (f). Corrige la información falsa en tu cuaderno.

	v	f
a) El síndrome de Asperger puede diagnosticarse con facilidad.		
b) Es un síndrome con consecuencias cerebrales que provocan un estilo cognitivo particular.		
c) Los niños con síndrome de Asperger son menos inteligentes y tienen un hándicap físico.		
d) Se conectan fácilmente con otros porque sus habilidades sociales son muy buenas.		
e) A los niños afectados no les gusta el contacto social.		
f) Les cuesta comprender los diferentes niveles de la comunicación.		
g) Los niños con síndrome de Asperger no tienen habilidades especiales.		
h) No les gustan ni las rutinas ni actividades repetidas.		
i) Es aconsejable mostrarles estrategias para establecer contacto con los demás.		
j) Los niños con síndrome de Asperger no necesitan las relaciones sociales.		

5 El mundo digital MK

Conectadísimos: Los medios preferidos para informarse

¿Qué tipos de medios utilizan los adultos españoles como fuente de noticias?

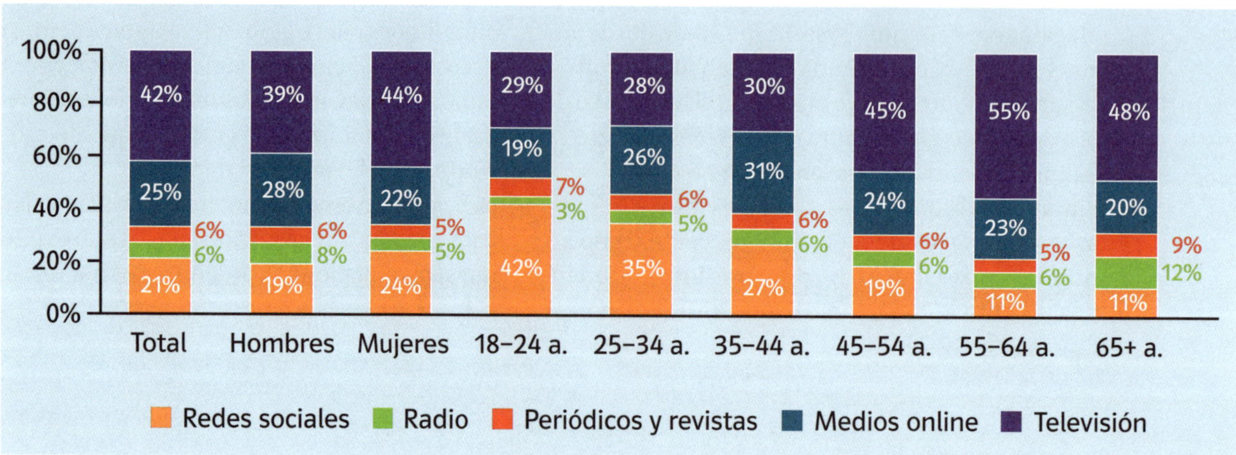

Fuente: Universidad de Navarra, en colaboración con *Reuters Institute Digital News Report*, 2021

D 17 Estrategia

1 Describe el gráfico de barras de arriba. ¿Qué resultados te llaman la atención? La estrategia "Analizar estadísticas" te puede ayudar.

2 Compara: ¿Qué medios prefieres para informarte? ¿Para qué otros fines utilizas los diferentes medios? Describe tu día digital con ayuda del siguiente vocabulario.

Expresiones

Cuando me levanto / voy al colegio…
En la cafetería / el parque…
} utilizo / juego (a)… + (aparato, aplicación, programa).

Los aparatos	El hardware
el ordenador, el portátil, la tableta el móvil el reloj inteligente	el teclado, la pantalla, el ratón el lápiz de memoria, la cámara web el altavoz, el micrófono

3 Relaciona los verbos con las expresiones adecuadas. ¡Ojo! Hay varias soluciones posibles.

1	navegar	A	una noticia por correo electrónico
2	jugar	B	con alguien (a través de una red social)
3	chatear	C	(con / por) el móvil
4	recibir	D	una ventana, una página
5	enviar, mandar	E	por Internet, por la red
6	crear	F	un archivo
7	enchufar	G	un correo electrónico, un mensaje
8	introducir	H	un documento
9	borrar	I	(por) un sitio web, (por) una página web
10	subir	J	(a) un videojuego
11	descargar, bajar	K	una contraseña
12	archivar, guardar	L	una foto

¿Eres un nativo digital?

Nativos e inmigrantes digitales

En el año 2001, el experto educador Marc Prensky creó el concepto de los nativos digitales.
Esta generación se distingue de la generación anterior (los inmigrantes digitales) no solo por sus hábitos, sino también por su manera de utilizar la información.

las chanclas – die Flip-Flops®; **el gorro** – die Mütze;
jugar a palas – Strandtennis spielen;
la sombrilla – der Sonnenschirm

D 12 Estrategia

4 Describe la caricatura utilizando el vocabulario de la estrategia "Describir y analizar una imagen".

5 ¿Se comporta así un nativo o un inmigrante digital? Lee el texto de al lado de la caricatura y clasifica las siguientes frases escribiendo en las casillas "n" para "nativo" o "i" para "inmigrante digital".

- ☐ Puede trabajar mientras ve la televisión o escucha música.
- ☐ Prefiere leer un texto en papel a leerlo en una pantalla.
- ☐ Prefiere los gráficos a los textos.
- ☐ Procesa mejor la información cuando trabaja en la red.
- ☐ Prefiere el contacto directo y la conversación a comunicarse mediante chat.
- ☐ Nació después del año 1980.

6 Explica la diferencia generacional expresada en la caricatura. Recuerda también los resultados del ejercicio 1: ¿Qué muestra la caricatura más allá de la estadística?

¿Quiénes son los Alfa?

Ya hemos visto que, según la edad, la población usa los medios digitales de manera muy diferente. Recientemente, se ha empezado a hablar de la "generación Alfa" que, nacida a partir del año 2011, crece con Internet. Con ayuda de móviles, tabletas y portátiles, esta generación accede rápidamente a un conocimiento universal cuando necesita información. Los Alfa suelen ser muy flexibles y se adaptan fácilmente a las innovaciones técnicas.

D 17 Estrategia

7 Lee la introducción de arriba y mira la siguente estadística: ¿Qué aplicaciones usa la generación Alfa? ¿Qué les gusta? La estrategia "Analizar estadísticas" te puede volver a ayudar.

a) Analiza los datos de la estadística teniendo en cuenta las diferencias según el género.
b) Compara estos datos con tu propio uso de aplicaciones.

Aplicaciones preferidas como 1ª opción (7 – 9 años)

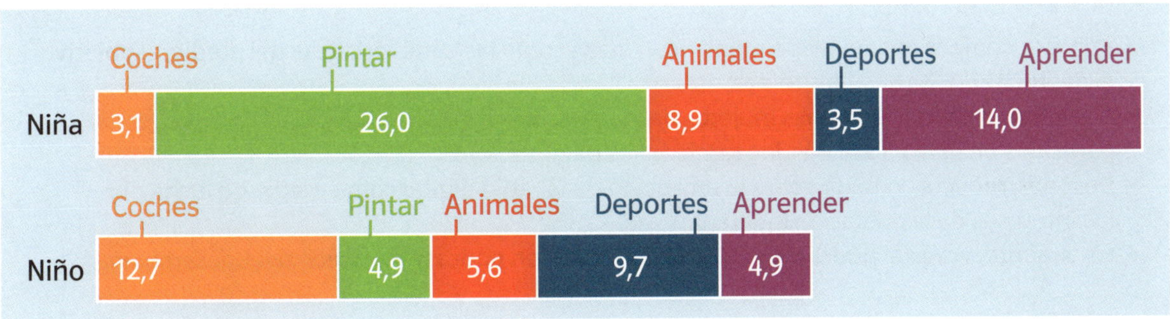

Fuente: SIC 2020

Las mujeres indígenas levantan la voz

Ecuador: La radio de la selva de Sarayacu
Internet ofrece a l@s usuari@s nuevas oportunidades de participación cultural, política y social, incluso en las regiones más remotas del mundo.
En 2020, el director de cine Siegmund Thies publicó un documental sobre las mujeres de la radio en la selva tropical.

D12 Estrategia

8 Describe a las dos mujeres: ¿Qué elementos (aspecto, utensilios, etc.) te llaman la atención?

9 Haz suposiciones: ¿A qué temas se dedican las reporteras en sus programas de radio?

D16 Estrategia

10 Lee el siguiente texto para comprobar tus suposiciones sobre los temas de la radio selva.

Mujeres de la radio en la selva tropical – con micrófono y grabadora contra la explotación

Tres valientes mujeres de Ecuador han empezado una lucha digital. Con micrófono y grabadora viajan por la selva tropical. Su pequeña emisora de radio se convierte en bastión contra la explotación de su tierra.

Los pueblos indígenas de la selva amazónica están amenazados: las empresas petroleras están invadiendo cada vez más sus hábitats. Las reporteras radiales vuelven a sus raíces para darles voz a las mujeres indígenas. Mariana Canelos, Jiyun Uyunkar y Rupay Sumak viven hoy en la ciudad, pero nacieron y se criaron en la selva. Además del español, también hablan sus lenguas tribales, lo que es absolutamente necesario para llegar a los oyentes en los remotos pueblos amazónicos. "Hasta ahora nadie ha dado voz a las mujeres [...]. Pero nosotras lo hacemos", dice Mariana Canelos, "queremos mostrar su vida cotidiana, grabar sus historias y canciones antes de que se olviden". Para ello, las mujeres de la radio viajan en canoa por el Amazonas y sus afluentes [...]
En el norte de Ecuador, kilómetros de tuberías invaden la selva tropical desde hace muchos años. Muchas de ellas se corroen y explotan. El petróleo se filtra en el suelo y termina en los ríos, fuente de vida para la gente del lugar. Pero ese no es el único problema. "Cuando vienen las petroleras se construyen carreteras. Tenemos miedo por nuestros hijos, de que adopten el estilo de vida de los trabajadores del petróleo y, atraídos por sus promesas, se marchen a las ciudades. Tenemos miedo de que nuestras hijas se prostituyan, de que nuestros hijos se conviertan en delincuentes", dice Jiyun. [...]

Fuente: Deutsche Welle (adaptiert)

6 petrolero, -a – Erdöl-; **7 invadir** – eindringen (in); **7 el hábitat** – der Lebensraum; **12 tribal (< tribu)** – Stammes-; **14 remoto, -a** – entlegen; **23 corroerse** – korrodieren; **29 atraído, -a por algo** – von etw. angelockt

11 Haz tu propio pódcast sobre la radio como herramienta de lucha. Para ello, sigue estos pasos:

- Primero, confecciona un mapa mental con ideas como las características del medio, el objetivo, el destinatario, los posibles temas, etc.
- Además del artículo sobre las mujeres de la radio, busca más información sobre proyectos parecidos en la red. Para ello, lee también las páginas 50/51.
- Después, redacta un texto sobre la recepción de la radio digital como medio de lucha por los intereses de la población indígena.
- Finalmente, graba el pódcast. La estrategia "Hacer un pódcast" te puede ayudar también.

D11 Estrategia

¿Qué es la netiqueta?

La netiqueta es un conjunto de reglas de comunicación en el mundo virtual, para que la navegación sea agradable y sin problemas para los usuarios. Con la netiqueta se busca evitar conflictos, acosos y comentarios negativos que puedan afectar a cualquier usuari@, dañando su intimidad, su reputación y, con ello, su confianza en sí mismo.

12 Piensa en posibles reglas de comunicación en la red y escríbelas en tu cuaderno. Usa el imperativo positivo o negativo.

13 Ahora lee unas normas de buen comportamiento en Internet y compáralas con tus reglas. Para ello, marca las reglas semejantes a las tuyas en verde y las nuevas, en naranja.

A Muestra respeto y sé amable con otros usuarios. De esta manera, ayudas a mantener un ambiente educado y agradable en el mundo virtual.
B Ten en cuenta la diferencia entre los mensajes privados y los públicos. Para protegerte y para mostrar respeto hacia los demás, a veces es más prudente usar un mensaje privado.
C Escribe comentarios moderados, sin insultar a nadie. Hay que respetar los derechos individuales de cada un@.
D Ignora todo lo que no te interese o lo que te parezca dudoso. No pasa nada si no aceptas ofertas de amistad de desconocid@s.
E No te pongas agresiv@. No te dejes provocar por comentarios u opiniones que te molesten. Es mejor mantener una actitud pacífica.
F Usa las opciones de denuncia (Anzeige) solo cuando sea necesario. No toleres el comportamiento inadecuado de otro usuario, pero tampoco abuses de la denuncia cuando no sea justificada.

14 Analiza los problemas de la tabla y explica qué regla de netiqueta se ha violado. Anota la letra correspondiente y propón una alternativa. Usa el imperativo o "Yo que tú… / Deberías… / Habría que…".

Regla	Problema	Netiqueta
E	Presentas en Instagram unas galletas que has preparado en casa. Alguien comenta: "¡Pero si tú no sabes cocinar!". Este comentario te molesta, así que eliminas inmediatamente al usuario de tus contactos.	Deberías conservar una actitud pacífica…
	Te invitan a un grupo llamado *jugar24horas*. No tienes ni idea de qué se trata, pero como te gustan las invitaciones, aceptas.	
	Tienes problemas con tu novio/a y quieres consultar a tu amigo/a. Por eso, le escribes un comentario debajo de una foto preguntándole si tiene tiempo para hablar.	
	En un intercambio digital con un colegio español estáis rodando vídeos sobre vuestra ciudad. La clase española sube a Youtube un vídeo que no te gusta mucho. Por eso, dejas el comentario: "¡Uy, qué tonto!".	

15 Comenta algunas de las reglas de arriba: ¿Se respetan normalmente?

¿Cómo se busca en Internet?

D1 Estrategia

Cuando necesitas información para una presentación, es imprescindible solucionar algunos problemas antes de buscarla: dónde y cómo encontrar fuentes serias (evitar noticias falsas, utilizar el buscador correcto, elegir la información adecuada) y cómo utilizar legalmente la información (derechos de autor, citar correctamente).
Ejemplo: Quieres preparar una presentación sobre la producción de los acumuladores y las baterías que se utilizan en la fabricación de móviles, tabletas, etc. Por eso, te interesa la explotación del litio en Chile. Trabaja paso a paso.

16 Busca información sobre la extracción del litio en Chile. Indica palabras relevantes para tu búsqueda, teniendo en cuenta los siguientes consejos para hacer una búsqueda avanzada.

Cómo utilizar la búsqueda avanzada
Para obtener buenos resultados, es útil especificar la búsqueda por Internet según ciertas palabras clave y la lengua que necesites.

Introduce palabras clave o combinaciones de palabras (p. ej.: explotación de litio, batería, Chile). → Pon AND (+) para recibir solo resultados que contengan todas las palabras clave (p. ej.: explotación de litio AND batería AND Chile). → Abre las funciones "Einstellungen / Configuración" y "Erweiterte Suche / Búsqueda avanzada" y elige como lengua el español.

17 Bajo las palabras clave "litio" AND "medio ambiente" AND "contaminación", has encontrado, entre otras, las siguientes entradas (*Interneteinträge*). Juzga las fuentes según su utilidad indicando los criterios de evaluación correspondientes de la página 51.

	Útil + o –	Criterio(s)
https://co.boell.org > 2020/05/08 > litio-los-costos-socia… Litio: los costos sociales y ambientales de la transición… 8 may 2020 — Poblador de una comunidad que autorizó la extracción de *litio* en su… minimiza la preocupación por la *contaminación* y neutraliza posibles…	+	actualidad
https://www.france24.com > 20201229-arte-portugal-e… Portugal: ¿se puede extraer litio preservando el… - France 24 29 dic 2020 — Quienes defienden el proyecto argumentan que la minería responsable con el *medio ambiente* es posible, un debate abierto entre las partes…		
https://www.efe.com > Edición América > México Alertan sobre impacto en el medioambiente de la extracción… 3 mar 2020 — El cuerpo humano tiene alrededor de 7 miligramos de *litio* y a partir de 15 ya es altamente tóxico, por lo que "si hay *contaminación* por litio en…		
https://noalamina.org > general > item > 9585-cuales-so… ¿Cuáles son los impactos ambientales y en la salud de la… 10 ago 2012 — Cuando entra en contacto con el *ambiente* y su superficie forma carbonato de *litio*, hidróxido de *litio* y nitrato de *litio*. Entre ellos el…		

Cómo evaluar la información encontrada

A menudo vas a encontrar miles de entradas en Internet. Sin embargo, la información encontrada puede ser de muy diferente calidad. ¡Nunca utilices solamente los primeros resultados!
Para orientarte sobre la utilidad de las fuentes, estos criterios te servirán de ayuda:
Autoría: Son más fiables (*vertrauenswürdig*) las fuentes identificables con nombre de autor, fecha y lugar de publicación o copyright.
Objetividad: Una revista científica o un periódico conocido (no sensacionalista) son fuentes profesionales y serias. En cambio, un blog suele contener una opinión subjetiva. Claro que, si estás buscando un comentario personal, puede resultar muy útil.
Actualidad: Dependiendo de la información que estás buscando, será importante tener en cuenta la fecha de publicación. Si te interesa la situación de los indígenas después de la pandemia del covid-19, tendrás que utilizar una publicación de 2020 en adelante.
Estructuración: Suele ser más útil un texto con un resumen anterior o con una conclusión, una estructura clara y una presentación gráfica o visual adicional.
Relevancia: Antes de consultar las fuentes, debes tener claro tus objetivos: ¿Qué tipo de información necesitas y cuál no?

18 Recuerda tu búsqueda sobre la extracción del litio en Chile (ejercicio 16) y los criterios para evaluar los resultados de una investigación en Internet (ejercicio 17). Elige un artículo que te parezca interesante e indica la fuente correctamente. Para ello, lee la siguiente información.

Cómo indicar la fuente

La fuente indica el lugar donde has encontrado la información. Cuando hayas utilizado un texto o una foto, entonces tendrás que indicar la fuente con la siguiente información: autor/institución, lugar y fecha de publicación, título del texto, URL, fecha de la propia consulta.
La URL permite a otros volver a encontrar la información en cualquier momento. Hay que poner también la fecha de consulta porque algunas páginas o imágenes desaparecen con el tiempo.
Por ejemplo: Universidad Complutense de Madrid (2021): "Biblioguía del Grado en Comunicación Audiovisual", https://biblioguias.ucm.es/Grado_ComunicacionAudiovisual/citar (consultada: 18.07.2021)

Tu artículo: ____

____

19 Elige también una foto adecuada sobre la extracción del litio, imprímela y pégala en la casilla. Para ello, lee las siguientes instrucciones que garanticen el permiso de su uso.

Cómo respetar los derechos de autor

Para las fotos, hay determinadas reglas de *copyright*. Solo puedes reutilizar libremente fotos si son aptas para fines no comerciales, como por ejemplo, una tarea en clase. Para encontrar estas fotos, haz clic en "imágenes" en la página del buscador y, después, en el menú de búsqueda. Elige la opción "licencias / derechos de uso" y, en el menú desplegable (*Dropdown-Menü*), "licencias creative commons" o especificaciones (por ejemplo: "Que se pueden utilizar, compartir y modificar libremente").

Tu foto sobre el tema

¿Tecnología sostenible?

La era digital causa cambios enormes en la producción y la distribución de productos: En el mundo laboral se crean nuevas profesiones, mientras que otras se van sustituyendo (*ersetzt*) por la inteligencia artificial. Además, hay efectos de la digitalización en cuanto a la explotación de los recursos naturales: Para crear acumuladores y baterías, se utiliza el litio. Su explotación en Sudamérica significa beneficios económicos, pero también graves conflictos sociales y ecológicos.

D16 Estrategia **20** Lee el artículo de abajo y expón las ventajas y las desventajas de la explotación del litio. La estrategia "Comprender un texto no literario" te puede ayudar.

Extracción de litio en Chile ¿bendición o maldición?

Europa necesita autos eléctricos como eje de la transición energética. Sus baterías requieren litio, pero la minería genera problemas sociales y ambientales en países como Chile.

"Chilenos contra la privatización de la riqueza de la nación" o "Litio para Chile, no para Soquimich", dicen las pancartas de los manifestantes en Santiago de Chile. La minera chilena Soquimich (Sociedad Química y Minera de Chile o SQM) es uno de los extractores de litio más grandes del mundo. El litio es hoy una de las materias primas más codiciadas en el mercado mundial. No solo los autos eléctricos, sino también los portátiles y teléfonos celulares necesitan baterías de iones de litio. En consecuencia, la demanda mundial de litio se duplicaría en 2025, estima la Agencia Alemana de Recursos Minerales.
El metal ligero de color blanco plateado tiene una gran capacidad de calor y una baja densidad, por lo que es ideal para baterías compactas y duraderas. Algunos ya están hablando del "oro o el petróleo blanco". [...] El gobierno chileno quiere aumentar la producción de litio y discute la posibilidad de producir baterías. El país suramericano busca acabar con la dependencia de las materias primas que exporta, pero cuyos productos finales no fabrica.

Extracción de litio no solo en manos privadas

"Para nosotros, el contrato es ilegal", dice Miguel Soto, presidente de la iniciativa "Litio para Chile" [...]. "Queremos renacionalizar SQM, lo que no significa que las empresas privadas no puedan participar en la extracción de litio, pero el estado necesita tener el control", apunta Soto, miembro del sindicato industrial Constramet.
SQM fue una empresa estatal llamada Soquimich, privatizada durante la dictadura militar de Augusto Pinochet en la década de 1980. Desde entonces, gran parte de las acciones pertenecen a la familia del dictador fallecido. [...]

Consecuencias indeseables

El Salar de Atacama pertenece al llamado "triángulo de litio" entre Bolivia, Argentina y Chile. Un lugar que no solo atrae a turistas sino también a compañías químicas como SQM y Rockwood, de la estadounidense Albermarle. Se estima que en las profundidades de dicho lago salado se encuentran los depósitos de litio más grandes del mundo.
El litio es un metal alcalino que se obtiene en un proceso de evaporación. Para esto, el agua mineral subterránea se bombea hacia grandes piscinas. Bajo el sol del desierto se evapora, provocando que diferentes sales se asienten. Gracias a un proceso químico, esta solución salina se transforma en carbonato de litio.

0 la extracción – die Förderung; **0 la bendición** – der Segen; **0 la maldición** – der Fluch; **1 el eje** – die Achse; **2 requerir (e-ie)** – benötigen; **7 el manifestante** – der Demonstrant; **11 la materia prima** – der Rohstoff; **12 codiciado, -a** – begehrt; **15 la demanda** – die Nachfrage; **18 el metal ligero** – das Leichtmetall; **18 blanco plateado** – silber-weiß; **19 la baja densidad** – geringe Dichte; **20 duradero, -a** – dauerhaft; **29 el contrato** – der Vertrag; **35 el sindicato industrial** – die Industriegewerkschaft; **37 Augusto Pinochet** – chilenischer Diktator von 1973–1989; **40 fallecido, -a** – verstorben; **44 atraer** – anlocken; **47 el lago salado** – der Salzsee; **50 la evaporación** – die Verdunstung; **51 se bombea hacia piscinas** – wird in Sammelbecken gepumpt; **50 el agua subterránea** – das Grundwasser

El proceso de evaporación consume mucha agua. El nivel del agua subterránea está bajando en la región, los cursos fluviales y los humedales se están secando. En las comunidades de los alrededores, hay escasez de agua, la contaminación del suelo y el agua potable aumentan porque el agua residual no es tratada. Este no solo es un problema para la población residente, en su mayoría indígena, sino también para la flora y la fauna.

Pueblos indígenas no incluidos

Chile es el único país del mundo donde los recursos hídricos y la gestión del agua están totalmente en manos de particulares. SQM posee actualmente los derechos del agua en la región del Salar de Atacama, donde se extrae el litio.

"SQM se roba nuestra agua para extraer litio", se queja Ana Ramos, presidenta del Consejo de Pueblos Atacameños. El gobierno chileno está obligado por un acuerdo con la Organización Internacional del Trabajo a garantizar la Protección de los Pueblos Indígenas y a tener en cuenta a la población afectada.

"No hay estudios sobre los efectos de la extracción de litio en el ecosistema", afirma, por su parte, Domingo Ruiz, bioquímico de la Universidad de Santiago. [...] "Somos el mayor exportador de carbonato de litio. Exportamos materias, pero no fabricamos los productos", concluye Ruiz y advierte que "el gobierno chileno invierte muy poco en investigación y desarrollo tecnológico".

Fuente: Sophia Boddenberg, 27.04.2018, https://www.dw.com/es [Zugriff: 20.07.2021]

58 el curso fluvial – das Flussbett; **58 el humedal** – das Feuchtgebiet; **60 la escasez** – die Knappheit; **61 el agua residual** – das Abwasser; **66 los recursos hídricos** – die Wasservorkommen; **68 los particulares** – *hier:* die Privatunternehmen; **68 poseer** – besitzen; **74 obligado, -a** – verplichtet

21 Discute, a partir del tema del litio, los efectos sociales y ecológicos de la digitalización y las consecuencias para el uso individual de los productos técnicos.

22 Elabora posibles alternativas buscando información, por ejemplo, sobre:
- la explotación sostenible de litio y tierras raras en Europa,
- la extracción de litio de las aguas geotérmicas,
- el uso de materias alternativas como el sodio.

D1 Estrategia

Recuerda lo que has aprendido sobre las búsquedas en Internet (p. 50/51); la estrategia "Buscar información" también te puede ayudar.

D18 Estrategia

23 Prepara una infografía sobre el litio. La estrategia "Hacer una infografía" y los siguientes pasos te ayudarán.

Pasos para elaborar una infografía
1. Piensa en el tema, en los objetivos y en los destinatarios de tu infografía. Crea un primer concepto.
2. Elige información procedente de diferentes fuentes. Empieza a estructurar y a relacionar los argumentos a mano, pensando ya en la presentación final. La infografía de al lado te puede servir de modelo.
3. Mira otra vez la infografía e incluye algunos datos en tu infografía si te parece útil.
4. Convierte ahora la información escrita en una infografía. Para el diseño, utiliza un software disponible (p. ej.: *canva* o *easelly*) o los recursos de tu ordenador. El ejemplo de al lado te puede ayudar también.

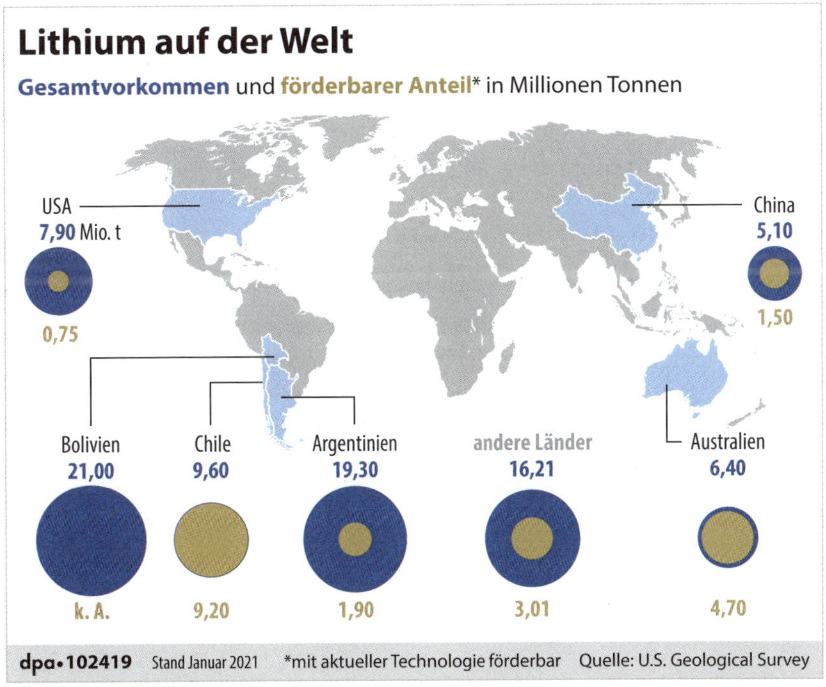

La independencia de Cataluña

Muchos temas actuales del aula de español son objeto de polémica. Un tema muy discutido en toda la Península es el conflicto catalán, sobre todo desde el referéndum de independencia catalana, celebrado el 1 de octubre de 2017. Fue organizado por la *Generalitat* (el gobierno autonómico de Cataluña) y declarado inconstitucional por el Tribunal Supremo en Madrid. Al buscar información sobre este tema en la red, hay que tener en cuenta la diversidad de posiciones ideológicas.

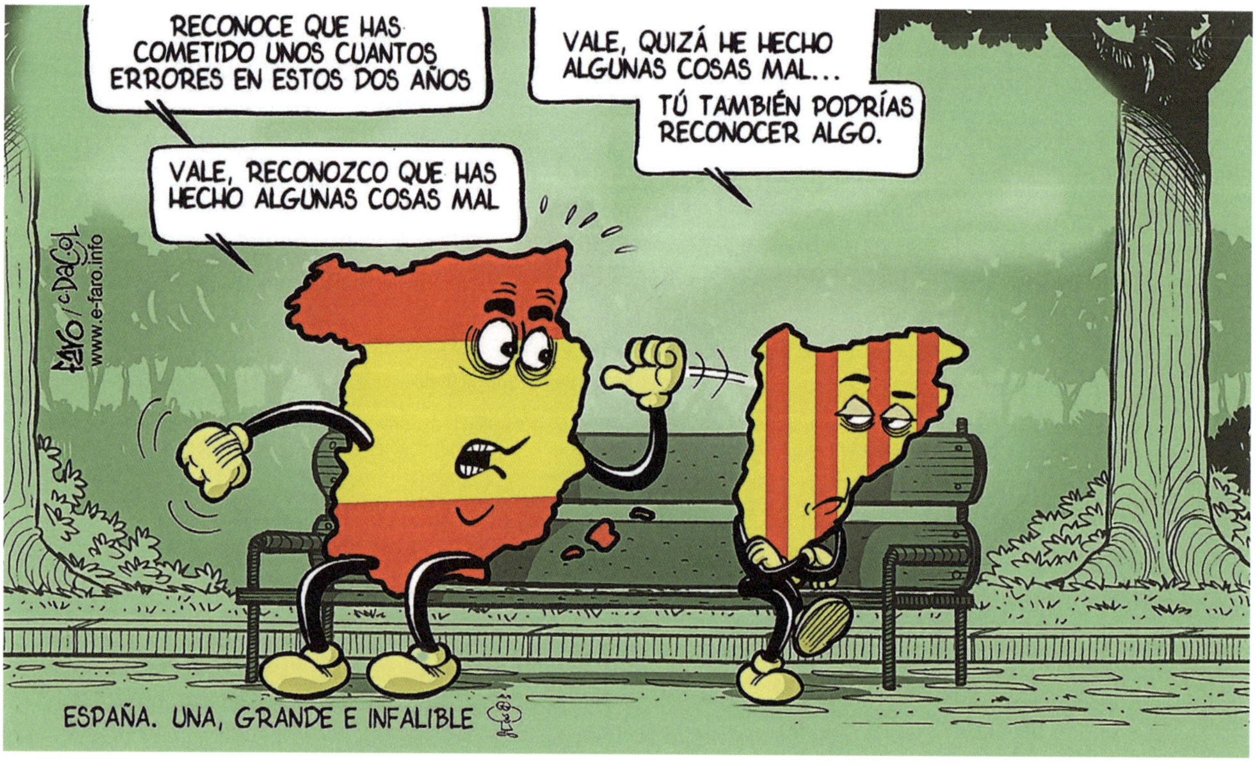

24 Lee la introducción al tema y mira la caricatura de Faro.

a) Descríbela teniendo en cuenta también los elementos gráficos utilizados.
b) Analiza la representación del conflicto, haciendo hincapié en los "errores" mencionados.

El conflicto catalán en Wikipedia

Las controversias sobre Cataluña se reflejan incluso en Wikipedia. En este proyecto colaborativo, ciertos artículos sufren constantes cambios desde diferentes posiciones ideológicas. Se muestran, por ejemplo, en las revisiones que hacen los autores de Wiki.

25 Lee el texto sobre el conflicto catalán en Wikipedia y compara las siguientes versiones del mismo párrafo sobre la legalidad del referéndum.

Revisión del 17:53 (5 agosto de 2019) **Mstrubell (discusión contribuciones)**	**Revisión del 18:01 (5 agosto de 2019)** **Varondán (discusión contribuciones)**
El referéndum efectuado por la Generalidad – y pedido en muchas ocasiones por los partidos catalanistas – no cumplió los requisitos establecidos en la Constitución y legislación españolas, pero la ley se enmarca el derecho de autodeterminación de todo pueblo, derecho reconocido por España.	El referéndum efectuado por la Generalidad es ilegal según la Constitución y legislación españolas al no cumplir los requisitos establecidos en las mismas.

Fuente: Wikipedia – Die freie Enzyklopädie. Bearbeitungsstand: 11.07.2021 (abgerufen: 30.07.2021)

El referéndum del 1 – O: Diferentes lenguas, diferentes puntos de vista

Wikipedia dispone de artículos en 310 lenguas diferentes, que a veces difieren bastante en longitud y en el contenido de los artículos. En el caso catalán, es interesante comparar las versiones catalanas, del resto de España y de fuera de la Península.

26 Compara la versión castellana del artículo sobre el referéndum catalán con el mismo artículo de la Wikipedia catalana y con el de la versión alemana. Para ello, lee las versiones del 26 de julio de 2021 en la página 55 y haz las siguientes ejercicios.

a) Analiza los cambios y los elementos adicionales en la versión castellana.
b) Comenta en qué medida la versión alemana transmite una imagen diferente del referéndum.

Wikipedia

Referèndum sobre la independència de Catalunya de 2017

El **referèndum sobre la independència de Catalunya** (oficialment **Referèndum d'Autodeterminació de Catalunya**, conegut pel numerònim **1 – O**) va ser un referèndum d'autodeterminació, que fou celebrat l'1 d'octubre de 2017. [...]

La seva convocatòria va ser oficialment suspesa pel Tribunal Constitucional d'Espanya l'endemà de l'aprovació, però el Govern català continuà la seva organització, basant-se en la Llei del referèndum d'autodeterminació de Catalunya, aprovada el 6 de setembre de 2017, el referèndum es convocà enmig d'un xoc de legalitats vigents. [...]

Referéndum de independencia de Cataluña de 2017

El **referéndum de independencia de Cataluña de 2017**, también conocido como **1 de octubre** y por el numerónimo **1 – O**, fue un referéndum de autodeterminación, constitucionalmente ilegal, convocado por el Gobierno de Cataluña, suspendido por el Tribunal Constitucional el 7 de septiembre de 2017 y finalmente celebrado de manera irregular en la comunidad autónoma española de Cataluña, el 1 de octubre de 2017. [...]

La ley fue suspendida cautelarmente al día siguiente por el Tribunal Constitucional, órgano al que Puigdemont, el presidente de la Generalidad, afirmó que ignoraría. Fue finalmente declarada inconstitucional por unanimidad de los magistrados del Tribunal Constitucional el 17 de octubre de ese mismo año, al entender el tribunal que la norma invadía competencias estatales y vulneraba la supremacía de la Constitución, la indisoluble unidad de la Nación española y la soberanía nacional. [...]

Unabhängigkeitsreferendum in Katalonien 2017

Am 1. Oktober 2017 wurde von der Regionalregierung Kataloniens ein umstrittenes **Referendum über die Unabhängigkeit Kataloniens** (katalanisch *Referèndum d'Autodeterminació de Catalunya*) abgehalten. Nach der erfolglos gebliebenen Volksbefragung von 2014 verfolgte die katalanische Regionalregierung zum zweiten Mal ein Unabhängigkeitsreferendum.

Das spanische Verfassungsgericht hatte die Abstimmung zuvor für rechtswidrig erklärt, da die spanische Verfassung keine Abstimmungen über die Unabhängigkeit einer Autonomen Gemeinschaft vorsieht; die spanische Regierung versuchte, die Befragung mit Berufung auf deren mangelnde Rechtsgrundlage zu verhindern. Die katalanische Unabhängigkeitsbewegung berief sich hingegen auf ein Gesetz, das vom Regionalparlament in einer umstrittenen Abstimmung knapp beschlossen wurde. [...]

Fuente: Wikipedia - die freie Enzyklopädie (abgerufen: 30.07.2021)

11 suspendido, -a – aufgehoben; **11 el Tribunal Constitucional** – das Verfassungsgericht; **24 por unanimidad** – einstimmig; **30 la supremacía** – die Vorrangstellung; **31 la indisoluble unidad** – die unauflösliche Einheit

6 Escribir

¿Qué tipos de textos hay?

1 ¿Cuáles son los tipos de textos que escribimos? Relaciona cada tipo con una imagen.

el comentario | la invitación | el resumen | el chat | la solicitud | el texto creativo | la entrada de blog

1

2

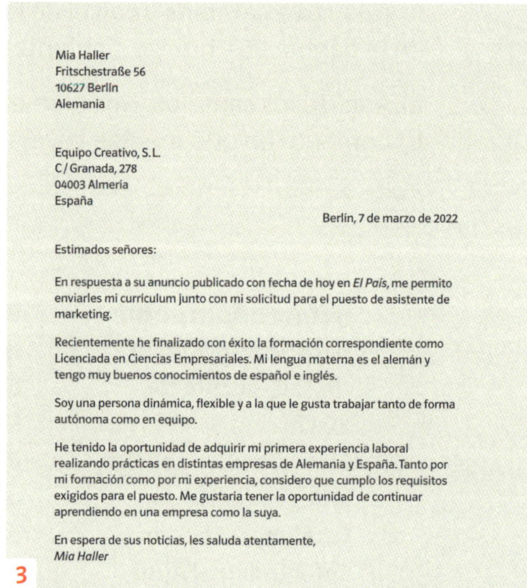

Mia Haller
Fritschestraße 56
10627 Berlin
Alemania

Equipo Creativo, S.L.
C/ Granada, 278
04003 Almería
España

Berlín, 7 de marzo de 2022

Estimados señores:

En respuesta a su anuncio publicado con fecha de hoy en *El País*, me permito enviarles mi currículum junto con mi solicitud para el puesto de asistente de marketing.

Recientemente he finalizado con éxito la formación correspondiente como Licenciada en Ciencias Empresariales. Mi lengua materna es el alemán y tengo muy buenos conocimientos de español e inglés.

Soy una persona dinámica, flexible y a la que le gusta trabajar tanto de forma autónoma como en equipo.

He tenido la oportunidad de adquirir mi primera experiencia laboral realizando prácticas en distintas empresas de Alemania y España. Tanto por mi formación como por mi experiencia, considero que cumplo los requisitos exigidos para el puesto. Me gustaría tener la oportunidad de continuar aprendiendo en una empresa como la suya.

En espera de sus noticias, les saluda atentamente,
Mia Haller

3

4

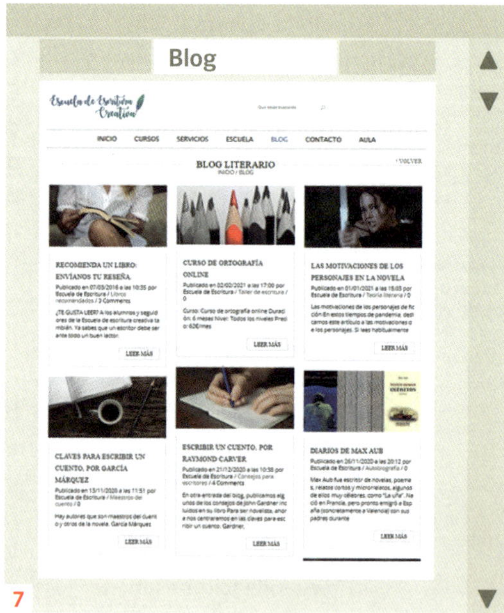

7

5

6

2 Ahora completa el mapa mental de abajo con los tipos de textos del ejercicio anterior y con otros tipos de textos que tú conozcas.

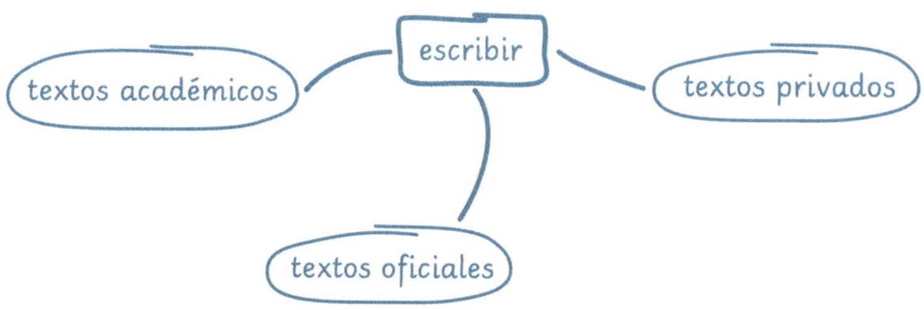

¿Cuáles son tus puntos fuertes y débiles?

3 Evalúa tu expresión escrita, indicando si los diferentes aspectos de estrategia, gramática, ortografía y estilo se te dan bien (☺), se te dan así, así (😐) o si todavía te cuestan mucho (☹).

Expresión escrita		☺	😐	☹
Estrategia	Me preparo antes de escribir el texto, elaborando un esquema, trazando argumentos clave y desarrollando una idea general.			
	Repaso el texto antes de entregarlo para eliminar fallos gramaticales, ortográficos o sintácticos.			
	Pido ayuda a mis compañeros o al profesor si me hace falta.			
	Consulto el diccionario de manera adecuada, sin perderme en él.			
	Escribo textos con el ordenador utilizando un programa de autocorrección y diccionarios virtuales.			
Gramática	Conjugo correctamente los verbos, tanto los regulares como los irregulares.			
	Uso los tiempos adecuados distinguiendo bien entre las diferentes formas del presente, del pasado y del futuro.			
	Aplico la concordancia entre los sustantivos y los adjetivos.			
	Uso correctamente los pronombres de objeto directo e indirecto.			
	Distingo correctamente entre *ser*, *estar* y *hay*.			
	Distingo correctamente entre *por* y *para*.			
Ortografía	Coloco los acentos correctamente.			
	Evito falsas consonantes dobles como *ff*, *mm*, *pp* o *ss*.			
	Distingo bien entre *g* y *j*.			
	Distingo bien entre *c*, *s* y *z*.			
	Evito mezclar la ortografía española con la de otras lenguas (p. ej.: inglés) y no empleo combinaciones inexistentes en el español, como *ph*, *sh* o *th*.			
Expresión y estilo	Empleo los conectores adecuados, p. ej. los de explicación (*es decir*, *o sea*), causalidad (*porque*, *ya que*, *debido a*), adición (*también*, *además*), consecuencia (*por eso*, *de ahí*) o contraste (*aunque*, *sin embargo*).			
	Uso perífrasis verbales, como *acabar de hacer algo*, *estar a punto de hacer algo*, *soler hacer algo*, *llevar haciendo algo desde algún tiempo*, *etc.*			
	Sé como abreviar frases subordinadas utilizando el gerundio.			
	Evito las repeticiones innecesarias utilizando sinónimos o pronombres.			
	Tengo en cuenta el estilo adecuado según el género y la función del texto.			

D 19 Estrategia

4 Analiza tus problemas. Entre todos estos aspectos, ¿cuál es el que más te cuesta? ¿A qué se debe la dificultad? ¿Cómo podrías mejorar? Mira la estrategia "Analizar y evitar errores".

D 20 Estrategia

5 ¡Adiós, querido error! Escríbele una carta de despedida a tu error "favorito", es decir, al error que consideres tu error más típico. Cuéntale por qué tenéis que separaros. La estrategia "Escribir una carta" también te puede ayudar.

¿Cómo se escribe un resumen?

Frecuentemente, la primera tarea al trabajar con textos en clase es redactar un resumen de contenido. Escribir un resumen significa reducir el texto a lo esencial. Para ello, se elimina todo lo que no sea importante para transmitir el mensaje.

6 Lee el siguiente texto para luego redactar un resumen.

Gonzalo Silva Rivas, El Espectador, 16 de octubre de 2019

Las dos caras

El turismo ha sido y seguirá siendo un factor clave en el desarrollo económico de los destinos turísticos, pero también se muestra como una seria amenaza cuando la llegada masiva de viajeros —como viene sucediendo en algunos de ellos— desborda los límites responsablemente recomendables y deja por el camino una estela de consecuencias socioambientales en estos lugares turísticos.

Bien es cierto que el primer impacto de una oferta turística organizada es [...] positivo, por cuanto produce beneficios económicos y sociales, atrae inversiones y genera empleo. Basta ver los efectos favorables [...] en la balanza de pagos de muchos países, varios de ellos en vías de desarrollo, que hicieron de la actividad un estratégico motor de progreso, utilizando los recursos culturales, naturales y patrimoniales como fuente de oportunidades para promover su modernización socioeconómica y cultural.

Sin embargo, en los últimos tiempos se ha comenzado a sentir y, de paso, a evaluar la otra cara de la moneda, representada en los altos costos que genera la industria [turística], a la luz de la compleja situación que empieza a oscurecer el panorama de ciertos destinos, en el que ese crecimiento excesivo de visitantes ha causado la sobrepoblación de las áreas habitables, cambiando los estilos de vida y sometiendo la infraestructura [...] a una enorme presión.

Un destino de rango mundial como Barcelona ha sido saturado por el turismo y se transforma en aberrante pandemónium durante los [...] períodos de vacaciones. El año pasado sobrepasó los 30 millones de visitantes, una cifra sorprendente para una ciudad cuya población apenas es de dos millones de personas. Igual sucede, dentro de sus propias características y proporciones, con Palma de Mallorca, París, Tokio, Berlín y Bari, otros lugares afectados por este fenómeno [...].

Buena parte de los habitantes de estos destinos invadidos por hordas imparables de turistas han tenido que cambiar su vida cotidiana y muchos han decidido enclaustrarse durante los picos de las temporadas turísticas [...]. Pero todos, sin excepción, deben pagar el alto precio causado por el exceso de visitantes, y que se explica en fenómenos como la inflación y la especulación inmobiliaria, o en problemas como la contaminación y los daños ambientales. Ese crecimiento excesivo de turistas en algunos destinos [...] ha dado origen en España —el país más competitivo del mundo en el sector del turismo— al término *turismofobia*, como se ha dado en dar nombre a la actitud de rechazo a la llegada de visitantes. Protestas populares antituristas han provocado actos vandálicos, como los ocurridos en los últimos años en el País Vasco, Cataluña y Baleares, una reacción social que se extiende por todo el sur de Europa y causa la creación de organizaciones ciudadanas que promueven la lucha frontal contra el turismo y su impacto negativo en los habitantes locales. [...]

6 desbordar – übersteigen; **7 la estela** – die Spur; **10 la oferta** – das Angebot; **12 atraer** – anziehen; **13 la inversión** – die Investition; **14 la balanza de pagos** – die Zahlungsbilanz; **15 el país en vías de desarrollo** – das Entwicklungsland; **18 el recurso patrimonial** – das Kulturerbe; **19 promover** – vorantreiben; **28 el área habitable** – der Lebensraum; **32 saturar** – sättigen; **33 aberrante** – absurdo; **33 el pandemónium** – *hier:* das Irrenhaus; **34 sobrepasar** – überschreiten; **40 afectado** – betroffen; **42 invadir** – einfallen; **42 imparable** – unaufhaltbar; **44 enclaustrarse** – sich einschließen; **44 el pico** – *hier:* der Höhepunkt

El turismo genera divisas, aumenta el empleo, dinamiza la inversión y promueve el desarrollo, pero también genera consecuencias negativas si no se le sabe administrar. Es un bien necesario, más aún en países como el nuestro, con enorme potencial turístico y [...] necesidades económicas en regiones con disponibilidad para transformarlo en motor de progreso. Pero como cualquier otra actividad, presenta las dos caras de la moneda y el éxito está en conseguir [...] el equilibrio entre el ingreso de turistas y el beneficio local, de modo que su sostenibilidad sirva de vacuna [...] contra la turismofobia. [...]

Fuente: El Espectador, 16/10/2019. Gonzalo Silva Rivas.

63 las divisas – moneda extranjera; **72 el equilibrio** – das Gleichgewicht; **74 la vacuna** – die Impfung

7 ¿Has leído el texto detenidamente? Entonces, te será fácil anotar qué título corresponde a qué párrafo del texto.

	Metrópolis al límite		Los problemas del turismo
	La ambivalencia del turismo		El turismo debe cambiar
	Los beneficios del turismo		El sufrimiento de los habitantes locales

8 Ahora apunta la información más importante del artículo que luego te va a servir como base para tu resumen. Para ello:

a) Escribe una frase de introducción en la que indiques el autor, la fecha y la fuente del artículo.
b) Resume el tema del artículo en una frase.
c) Explica la idea general del artículo y los argumentos que la apoyan.

9 Un compañero de clase ha escrito el siguiente resumen. Lamentablemente, no ha tenido en cuenta al menos cuatro de los consejos de debajo. Léelos y subraya en el resumen de tu compañero todas las partes erróneas. Al final, indica qué consejos no se tuvieron en cuenta.

Consejos para escribir un resumen

1. Lee detenidamente el texto y busca la idea general.
2. Divide el texto en párrafos y subraya la información más importante de cada uno. Marca la idea principal, las ideas secundarias y los argumentos que la(s) apoyan con diferentes colores.
3. Presenta la parte principal del resumen indicando el género del texto, el título, el autor, la fuente y la idea principal.
4. Escribe el resumen con tus propias palabras, es decir, no cites textualmente (*wörtlich*).
5. Estructura tu resumen de manera lógica o cronológica.
6. Escribe en tercera persona.
7. Emplea generalmente el presente (a no ser que te refieras a algo que dentro del texto pasó "antes". Entonces lógicamente, tienes que emplear formas del pasado).
8. No expongas tu opinión personal sobre la información.
9. Recuerda que un resumen no debe sobrepasar un tercio de las palabras del original.

El presente texto de Gonzalo trata de las dos caras del turismo en España. En 2019, el autor mencionó algunos aspectos muy interesantes sobre este importante sector de la economía nacional, contrastando los efectos positivos y negativos que tiene para los destinos turísticos y sus habitantes. El autor enumeró los efectos positivos del turismo, como la fuente de ingresos, las divisas y la creación de empleo, pero también reflexionó sobre sus aspectos negativos. Uno de los ejemplos que mencionó es la hermosa ciudad de Barcelona, que "se transforma en aberrante pandemónium durante los períodos de vacaciones". Creo que esa expresión es un poco exagerada.

D8 Estrategia **10** Seguro que tú sabes hacerlo mejor. Escribe un resumen teniendo en cuenta los consejos de arriba y la estrategia "Escribir un resumen", donde también encontrarás vocabulario útil.

¿Cómo se escribe un comentario?

Otra tarea típica en clase puede ser escribir un comentario crítico sobre un tema determinado. Puede aparecer como una tarea independiente, pero también ser la última parte de la interpretación de un texto. En el comentario expresas tu propia opinión acerca del tema, que naturalmente va a ser subjetiva. Es por eso que la tienes que basar en una argumentación lógica y convincente, es decir, tienes que tener en cuenta los argumentos a favor y en contra de tu opinión.

11 Mira el cómic y explica cuál es el dilema del dueño del bar.

Información

Un dilema es un problema moral o social que se puede solucionar mediante dos posibles alternativas, de las cuales ninguna resulta del todo satisfactoria.

1 valer – *hier:* Wert sein; **2 el cubata** – Cuba libre (un cóctel); **3 Font Vella** – marca de agua mineral; **4 el dicho popular** – das Sprichwort

Consejos para escribir un comentario

1. Infórmate sobre el tema. A veces te dan un texto que sirve de base para tu comentario y que contiene mucha información, pero muy a menudo, el autor de ese texto ya tiene su propia opinión formada y no es necesario que estés de acuerdo con él. De todos modos resultará útil buscar información en Internet o en otras fuentes para poderte formar tu propia opinión.
2. Apunta tus argumentos a favor y en contra en forma de tabla o de mapa mental.
3. Desarrolla la estructura de tu comentario con los argumentos a favor y en contra en su sitio.
4. Formula una introducción en la que indiques el tema del comentario, es decir, la pregunta que quieres contestar al final de tu argumentación.
5. Emplea un nuevo párrafo para cada argumento o cada conjunto de argumentos.
6. Usa conectores para estructurar tu argumentación (véase más abajo).
7. Refuerza tus argumentos con ejemplos concretos si es posible.
8. Resume brevemente tus argumentos en el último párrafo y contesta la pregunta inicial.

Expresiones

Conectores . . .

- que indican el orden de los argumentos: primero, ante todo, antes que nada, en primer lugar, para empezar, finalmente, en último lugar
- de adición: también, igualmente, además, asimismo
- que explican argumentos: por ejemplo, es decir, o sea, eso quiere decir que
- que indican la causa: porque, ya que, a causa de, dado que, debido a
- de oposición y contraste: aunque, a pesar de (que), no obstante, aun así, sin embargo, por un lado . . . por otro lado
- que indican una consecuencia: así, de ahí que, en consecuencia, por consiguiente, por eso
- de conclusión: para concluir / terminar / resumir, en conclusión / suma / resumen

¿Turismo de masas o turismo sostenible?

El turismo sostenible: la alternativa al turismo de masas

El turismo sostenible es una modalidad del turismo que se presenta como alternativa al clásico turismo de masas, también llamado "turismo de sol y playa", o, aún mas despectivamente, "turismo de juerga y borrachera". La idea de ese modelo que surgió como concepto a finales de los años 70 es que no se inviten a hordas de turistas que cada verano invadan los mismos sitios turisticos al estilo *Ballermann* de Mallorca, sino que se promueva un modelo "suave" de un turismo consciente que respete los intereses de los habitantes locales y la integridad de la naturaleza regional.

No existe una definición mundialmente aceptada de cuáles son las características concretas de un turismo considerado "sostenible" y muchas veces resulta difícil distinguirlo de otros conceptos similares como el ecoturismo o el turismo cultural. En todo caso, se trata de una forma responsable de viajar y de gozar de las vacaciones que procura proteger el medio ambiente, contribuir al bienestar de la población local e incluir aspectos de recreación, aventura y educación sin perjudicar el entorno social ni el ecológico. Las actividades concretas del turismo sostenible ecológico pueden incluir los viajes individuales o en grupo para ir de senderismo, acampar o realizar expediciones en barco o bicicleta. Dependiendo de la fauna del destino turístico, también es posible la observación y la fotografía de animales salvajes. Otras actividades más "consumistas", como la pesca o la caza, también pueden considerarse posbiles elementos del ecoturismo, aunque sus críticos advierten que esas actividades suelen resultar más bien destructivas para el medio ambiente. Otra rama del turismo sostenible es el enfoque cultural, es decir, el estudio y el aprecio de la historia y de la cultura del país receptor. Las actividades del turismo cultural pueden incluir los viajes de idiomas o las visitas educativas a los centros históricos de importantes ciudades, monumentos o ruinas, así como las visitas a museos y óperas, pero también las excursiones a remotos sitios rurales donde se conservan antiguas tradiciones ya olvidadas en la mayor parte del país. Sin embargo, este enfoque también evoca críticas, ya que no es posible visitar sitios "intactos" (es decir, aún fuera del interés turístico) y esperar que no cambien su carácter por la repentina llegada de turistas. Al final, como dijo el escritor Hans-Magnus Enzensberger: "El turista destruye lo que busca, encontrándolo". Lo único a lo que podemos aspirar es a poder gozar de nuestro viaje causando relativamente pocas molestias a los habitantes locales, sin que sean más de las inevitables y sin alterar su vida de una manera brusca e indeseada.

Aunque ha llegado a ser cada vez más popular, hay que admitir que el turismo sostenible no puede satisfacer a todos. Finalmente, es un concepto dirigido a aquellos turistas que disfrutan de la naturaleza y de la cultura del país receptor y que desean participar activamente en la conservación del medio ambiente, la biodiversidad y la riqueza cultural de nuestro planeta.

D16 Estrategia **12** Lee el texto sobre el turismo sostenible y apunta en una tabla sus ventajas y sus desventajas. La estrategia "Comprender un texto no literario" te puede ayudar a entender bien el texto.

D21 Estrategia **13** ¿Turismo de masas o turismo sostenible? Comenta qué tipo de turismo es el que trae más beneficios para el país receptor. Ten en cuenta la información del texto de las páginas 58 y 59, del cómic de Faro y del texto de arriba. Sigue los consejos de la página 60 y de la estrategia "Escribir un comentario", donde encontrarás también vocabulario útil.

¿Cómo se escribe un texto creativo?

La carta

Durante muchos años, la carta era el medio más popular para dirigirse a otras personas a larga distancia, tanto en las ocasiones formales como en las privadas. Hoy, en tiempos del correo electrónico, las redes sociales y los *messengers*, parece que la carta ha perdido importancia en el ámbito privado y que predomina su uso oficial. Sin embargo, sigue siendo común que escribamos postales a buenos amigos o a miembros de la familia. Mientras que la carta privada no tiene por qué seguir ningún esquema estricto, sí que hay algunas reglas para las cartas formales.

Consejos para escribir una carta formal

1. Escribe tu nombre, tu dirección y tus datos de contacto (correo electrónico, número de teléfono) en la parte superior izquierda de la carta. El nombre y la dirección del destinatario (*Empfänger*) van debajo.
2. A la derecha, se escriben el lugar y la fecha donde y cuando se escribe la carta (p. ej.: Madrid, 15 de mayo de 2022)
3. Debajo del destinatario, va el asunto (*Betreff*) en negrita (*fett gedruckt*).
4. El encabezamiento (*Anrede*) suele ser: "Estimado Sr. + título" o "Estimado D. + nombre + apellido" y dos puntos (p. ej.: "Estimado Sr. Director: ..." o "Estimado D. Francisco García: ...").
   Si no sabes quién va a ser exactamente el destinatario de tu carta, puedes empezar con "Estimados señores y señoras: ..." (*Sehr geehrte Damen und Herren*).
5. El tono de la carta formal suele ser neutral y cortés. Reduce el contenido a la información relevante.
6. Termina la carta con una fórmula de despedida y tu firma. La despedida más formal es "Atentamente,". Despedidas un poco más amistosas son "Cordialmente," o "Reciba un saludo cordial".

14 Indica cuáles de las siguientes expresiones son adecuadas para una carta personal y cuáles para una formal. Para ello, haz una tabla con dos columnas: carta privada y carta formal.

Hola | Estimada Sra. González | Querido Pedro | ¿Qué tal? | Te escribo porque...

Me dirijo a usted porque... | Quisiera pedirle que... | ¿Y sabés que...? | Besos, Ana

Le agradezco su atención. | Cordialmente, ... | Un abrazo, Julián

15 Ahora imagínate que eres el viajero de la foto. Escribe dos cartas: una formal y una privada. En la primera, dirígete a tu jefa pidiéndole una semana adicional de vacaciones para continuar el viaje.
La segunda es para tu abuela que está ansiosa por saber más de tus aventuras. La estrategia "Escribir una carta" también te puede ayudar.

D 20 Estrategia

MK

La entrada de blog

El blog es una especie de diario público en Internet. El *blogger*, o sea el autor del blog, cuenta cosas que ha vivido o expresa sus pensamientos acerca de un tema, mientras que los lectores pueden comentar sus entradas (*Einträge*).

Consejos para escribir una entrada de blog

1. Crea un diseño adecuado. Puedes integrar subtítulos, subrayar frases y palabras clave, introducir casillas con información, fotos o dibujos.
2. Desarrolla una estructura lógica para tu texto y ten en cuenta el "hilo conductor" („*roter Faden*").
3. Imagina un título y una frase introductoria interesantes.
4. Capta el interés del lector: Aplica un estilo que sea adecuado a tus destinatarios y ofrece información que les resulte interesante. Usa expresiones emocionales y divertidas e inserta anécdotas, chistes y cómics, pero ten cuidado de que la entrada no resulte demasiado larga.
5. Imagina un final especial: Puedes animar al lector a que siga tus consejos o terminar con un final sorprendente o abierto. También es posible terminar con una pregunta.

MK **16** ¿Eres expert@ en la blogosfera? Entonces te resultará fácil relacionar el vocabulario siguiente con la definición correcta.

1	blogosfera
2	bitácora
3	404
4	dominio
5	header
6	link
7	vlog
8	meme
9	tag
10	troll

A	el nombre identificador de un sitio web
B	persona que causa polémica con comentarios fuera de tono
C	texto, imagen o vídeo que se difunde "viralmente" por Internet
D	la cabecera del blog, o sea, la parte superior
E	la comunidad global de los blogs
F	el videoblog
G	etiqueta que te lleva a todas las entradas relacionadas con ella
H	palabra auténtica española (aunque poco usada) para "blog"
I	enlace que te lleva directamente a otra página
J	error que indica "página no encontrada"

MK **17** Escribe una entrada de blog desde la perspectiva del viajero de la foto de la página 62: ¿Por dónde estás viajando? ¿Por qué estás haciendo este viaje? ¿Qué has hecho hasta ahora? ¿Cuáles son tus planes para el resto del viaje? ¿Qué fue tan extraordinario que podría interesar a otras personas? La estrategia "Escribir una entrada de blog" te puede ayudar también.

D 22 Estrategia

El monólogo interior

El monólogo interior es una especie de "charla de pensamientos", es decir, una "conversación mental" de un personaje consigo mismo. Suele aparecer en textos ficticios como las novelas o las historias cortas, cuando el autor quiere aclarar los pensamientos de un personaje. Si tú escribes un monólogo interior, ponte en el lugar del personaje y ten en cuenta su carácter, ya que este no solo afectará a sus deseos y emociones, sino también a su manera de "hablar por dentro". Expresa sus pensamientos en primera persona y, generalmente, en presente. Los rasgos típicos de un monólogo interior son las "imperfecciones" que marcan lo natural del proceso de pensar y de la corriente de ideas. Esos medios estilísticos pueden ser frases cortas e incompletas, pausas, repeticiones, exclamaciones emocionales y saltos de pensamiento.

D 15 Estrategia

18 Ahora un poco de fantasía: Imagínate que eres el perro mochilero de la página 62. Como mascota, tienes tu propia manera de ver las cosas: ¿Te gusta el viaje? ¿Qué piensas de tu dueño aventurero? Escribe un monólogo interior desde tu perspectiva como perro.

¿Cómo se escribe en las plataformas colaborativas?

Las plataformas colaborativas son plataformas virtuales interactivas en las que otros te pueden ayudar a redactar tus textos y tú también los puedes ayudar con los suyos. Podéis corregir vuestros textos mútuamente y discutir posibles cambios. En las plataformas siempre se señalan los cambios que se hicieron en el texto y también se indica quién los realizó, así que también se pueden ver antiguas versiones de cada texto. Por lo tanto, las plataformas te pueden ayudar a desarrollar tu destreza (*Geschick*) al escribir. La idea es que el proceso de interacción aumente el nivel de reflexión sobre tu producción escrita y que escribiendo tengas en cuenta tanto la perspectiva del autor como la del lector.

19 En la comunicación a través de Internet mucha gente olvida sus buenos modales (*gute Manieren*). Apunta en una tabla cómo podemos sugerir mejoras de una manera constructiva, cuáles son los comentarios tipo *troll* que debemos evitar y cómo dar respuestas positivas y ánimos.

Me parece muy bueno. | Podrías escribir… | Creo que sería mejor escribir… | ¡Es un rollo! | ¡Genial! | Propongo que escribamos… | Me gusta esta parte. | Otra posibilidad sería… | Y eso, ¿qué es? Una broma, ¿o qué? | ¡Estupendo! | No hay dios que entienda eso. | Te sugiero que escribas… | Suena muy bien. | ¿Se supone que eso es español? | ¡Aburrrriiiido! | ¿Qué te parece si escribimos…?

¡A escribir con una plataforma colaborativa!

20 Ponte en contacto con un/a compañero/a de tu clase y queda con él/ella para corregiros mútuamente vuestros textos. Primero, cada uno/a elige uno de los siguientes temas:

- Estás harto/a del turismo de masas y muy a favor del turismo sostenible. Escríbele una **carta al alcalde** para convencerle de la necesidad de fomentar el turismo sostenible en tu región.
- El gastrónomo del cómic de la página 60 ha tenido un día muy duro y no sabe si debería estar agradecido o enfadado por las hordas de turistas borrachos que han invadido su bar. Escribe un **monólogo interior** desde su perspectiva.
- Eres defensor de los animales y ves el perro mochilero de la foto de la página 62. No estás seguro/a de que llevar mascotas a viajes largos sea una buena idea. Escribe un **comentario periodístico** sobre lo que los turistas tienen que tener en cuenta si viajan con sus mascotas.

21 Visita una plataforma colaborativa en Internet (p. ej.: Google Drive, Verbosus o Etherpad). ¡Ojo! Usa una plataforma que esté basada en tu navegador, así no tendrás que instalarla.

a) Créate un nombre de usuario y asegúrate de que tu compañero/a también tenga uno. También tendrás un color específico con el que podrás saber quién ha hecho qué cambio.
b) Elige un título y escribe tu primera versión del texto. Ten en cuenta toda la información que has aprendido sobre el tema y sobre cómo se escribe ese tipo de texto (carta, monólogo interior o comentario).
c) Invita a tu compañero/a a corregir y a comentar tu texto. ¡Ojo! Recuerda que trabajaréis con un solo documento, pero en dos ordenadores distintos. Mientras tanto, corrige y comenta el texto de tu compañero/a.
d) Lee los comentarios de tu compañero/a. Cambia tu texto según sus ideas, si te parecen buenas. Si no estás de acuerdo con sus cambios o comentarios, explícale (amablemente) por qué. Quizás juntos encontréis otra manera de escribirlo aún mejor.

¿Cómo se escribe un caligrama?

En los textos literarios predomina la belleza y su poder sugestivo para crear mundos imaginarios. Ejemplos clásicos del género literario son la novela, el teatro y la poesía. Una buena posibilidad para acercarnos al ámbito literario es uno de sus subgéneros: el caligrama. Se trata de un poema visual que forma una figura relacionada con el tema del poema, es decir, la imagen creada por las palabras expresa visualmente lo que estas dicen. La forma de las letras y su color o cualquier otra característica se ajusta a la figura que componen y a la idea que expresan. Las siguientes tareas te enseñarán cómo inventar tu caligrama personal sobre las vacaciones.

Caligrama de vacaciones

22 Observa el caligrama de arriba y piensa en los viajes que has hecho.

23 Elige tu destino de viaje favorito. Reflexiona sobre lo que más te gustó del viaje y sobre por qué fue tan inolvidable para ti. Apunta sustantivos, adjetivos y verbos que describan lo más característico de ese viaje en una tabla o en un mapa mental.

24 Imagina una figura que exprese lo esencial del viaje y visualízala en un boceto (*Skizze*).

25 Elige o inventa una tipografía y una caligrafía adecuadas para el tono emocional del caligrama. Puedes desarrollar tu propia tipografía / caligrafía sobre papel o trabajar con un programa de ordenador. Adelante, ¡a escribir y dibujar!

¿Qué has aprendido?

26 Indica qué textos te resultaron fáciles (☺), medianamente fáciles (😐) o difíciles (☹). Apunta qué problemas surgieron y cómo podrías solucionarlos.

Tipo de texto	☺	😐	☹	Problema(s)	Posible solución
Resumen					
Comentario					
Carta personal					
Carta formal					
Monólogo interior					
Texto colaborativo					
Caligrama					

¿De qué estás hablando?

En algún que otro momento de una mediación nos encontraremos con palabras que son difíciles de explicar porque son frases hechas, locuciones verbales o bien palabras que tienen un significado totalmente distinto en la otra lengua.

1 Mira el siguiente letrero en alemán: ¿Cómo dirías estas expresiones en español?

ACHTUNG PARTYZONE!

Zutritt strengstens untersagt für:

- Feiermuffel
- Spaßbremsen
- Langweiler
- Miesepeter

¡_______________!

____

- _______________
- _______________
- _______________
- _______________

D4 Estrategia

2 Al principio puede resultar difícil explicar estas expresiones porque no se pueden traducir palabra por palabra y, a veces, no hay un equivalente directo en español. Aquí tienes cinco estrategias que te pueden ayudar a explicar el significado de este tipo de expresiones manteniendo su sentido.

a) Lee las preguntas y marca con una cruz la opción o las opciones correcta(s).

Morgenmuffel

1. ¿Qué es? (Estrategia 1: Término general)

- ☐ Una expresión.
- ☐ Un adjetivo.
- ☐ Un dicho.

2. ¿Qué significa? (Estrategia 2: Usar sinónimos)

Es parecido a decir que una persona…
- ☐ … siempre se levanta de buen humor.
- ☐ … está de mal humor por las mañanas.
- ☐ … siente mucha pereza al levantarse.

3. ¿Qué sería lo contrario? (Estrategia 3: Explicar el contrario)

Se usa cuando una persona…
- ☐ … no bebe café por las mañanas.
- ☐ … no quiere irse a domir temprano.
- ☐ … no es amable por las mañanas.

4. ¿Cómo se puede decir de una forma más simple? (Estrategia 4: Simplificar)

Es como decir:
- ☐ ¡Bien! ¡Levantarse temprano! ¡Yuju!
- ☐ ¡No me molestéis! ¡Solo quiero mi café!
- ☐ ¡Argh! ¡Qué enfadado estoy! ¡Es muy temprano!

5. ¿En qué situaciones se usa? (Estrategia 5: Dar ejemplos)

Se usa, por ejemplo, cuando…
- ☐ … quieres decir que una persona que normalmente es amable se porta mal cuando es temprano.
- ☐ … quieres explicar que alguien no muestra una actitud positiva en el trabajo.
- ☐ … quieres decir que una persona es muy amistosa pese a que es muy temprano.

b) Vuelve al ejercicio 1: ¿Qué estrategias conocías ya y has usado para poder explicar las expresiones del letrero? ¿Cuáles son nuevas?

¿Cómo se puede mediar un texto?

Primero tienes que considerar el contexto de la información que quieres transmitir (la fuente, el autor, etc.). Además, debes tener en cuenta el receptor, es decir, a quién te diriges y de qué forma: ¿Transmites el texto de forma oral o por escrito? Si escribes al receptor, ¿qué tipo de texto tienes que redactar? Los siguientes pasos te ayudarán.

D 23 Estrategia

1. ¿Qué información necesitas para hacer la mediación?
2. ¿Quién es el receptor? ¿Qué información cultural tienes que darle para que te entienda?
3. ¿Cómo transmites la información? ¿Qué tipo de texto vas a escribir?

3 Lee la situación de mediación y explícala con tus propias palabras.

Gracias al programa de intercambio entre tu escuela y una escuela española, has conocido a muchos chicos españoles con los que chateas regularmente. En tu última publicación compartiste esta fotografía con el siguiente mensaje: Hab' Supermann einen geklebt! Amalia, una alumna de esa clase del intercambio y de quien eres amiga, ve tu publicación y te contesta…

Hab' Supermann einen geklebt!

Amalia

¿Pero esto qué es? No es para ir por ahí pegando chicles por todas partes… Y, encima, ¡haciendo chistes de supermán! ¿No te da vergüenza? ¡Y de educación, ni hablar! Aquí, en Madrid, estamos cansados de las aceras llenas de chicles pegados. Seguro que tu ciudad te lo agradece… ¡Qué actitud más mala!

4 Como tu amiga Amalia nunca ha venido a Alemania, no conoce el contexto. Contesta su comentario. Usa la información del artículo de la siguiente página. Relaciona los mensajes de Amalia con la información que debes buscar para explicarle el contexto de tu publicación.

	Mensaje de Amalia
1	¿Pero esto qué es?
2	No es para ir por ahí pegando chicles por todas partes …
3	Y, encima, ¡haciendo chistes de supermán! ¿No te da vergüenza?
4	¡Y de educación, ni hablar!
5	Aquí, en Madrid, estamos cansados de las aceras llenas de chicles pegados. Seguro que tu ciudad te lo agradece…

	¿Qué información debes buscar?
A	Explícale por qué pegar los chicles así ayuda a la ciudad y qué problema existe.
B	Explícale qué tipo de persona se quiere educar y qué las educa.
C	Explícale que es un proyecto, cómo se llama y quién lo ha iniciado.
D	Explícale dónde están estos pósteres y en qué lugar se pide que se dejen los chicles.
E	Explícale cuál es el eslogan de esta campaña, los diseños que hay y por qué hiciste un juego de palabras con supermán.

¿Qué información se necesita para la mediación?

5 Lee el siguiente artículo y marca la información con el color indicado en la tabla de la página 67.

Kaugummi-Wände für saubere City

Barmen übernimmt das Konzept aus der Elberfelder Innenstadt. Die erste Tafel wurde am Mittwoch auf dem Johannes-Rau-Platz aufgestellt.

von Tanja Heil

[...] Auch Barmen erhält jetzt Kaugummi-Wände. Die erste hat das ESW-Team am Mittwoch auf dem Johannes-Rau-Platz aufgestellt, weitere sollen in den nächsten Wochen folgen. Die Idee dahinter: Die munteren Plakate im DIN-A3-Format sollen Kaugummi-Spucker dazu animieren, die Reste in den Mülleimer statt auf den Boden zu spucken. In Elberfeld hängen diese Tafeln schon seit dem Ende der Sommerferien. „Wir haben eine durchweg positive Resonanz – es gibt keinen Vandalismus und es kleben immer diverse Kaugummis darauf", erklärt Carsten Melech, Leiter der Betriebsaufsicht des ESW. Sind reichlich Kaugummis zusammengekommen, tauschen seine Mitarbeiter die Wand einfach aus. Ob dadurch auch die Kaugummis auf dem Boden weniger geworden sind, kann er allerdings nicht sagen. Auch auf den Müllwagen der AWG sind die Plakate derzeit in groß zu sehen. [...]

Drei Motive stehen zur Verfügung: einmal die blonde Dame mit der Sprechblase „Bleib sauber. Dein Kaugummi gehört in den Mülleimer!", ein Superman, der findet „Echt super, wenn Dein Kaugummi im Mülleimer landet!" und die Aufforderung „Kleb uns einen!" über lauter rosa Mündern. Selbst bei dem Regenwetter am Mittwoch hafteten die Kaugummis problemlos an der Wand. Die ESW-Mitarbeiter laufen in den nächsten Tagen durch die Barmer Fußgängerzone und deren Nebenstraßen und suchen nach geeigneten Plätzen für die Gum-Boards: Immer über einem Mülleimer an einem vorhandenen Pfosten, etwa von Straßenschildern. „Oft kleben die Kaugummis vor Imbissbetrieben und Bäckereien", hat Straßenhausmeister Paul Decker schon festgestellt. Solche Plätze nehmen die ESW-Mitarbeiter sich nun vor. Ob die Nutzer die Kaugummis dann auf das Plakat drücken oder in den Mülleimer werfen, sei egal – Hauptsache, sie spucken sie nicht auf den Boden.

„Man muss die Menschen dafür sensibilisieren, dass diese Kaugummis unangenehm sind", sagt Oliver Alberts, Vorsitzender der ISG Barmen. Die Siebtklässler von der Realschule Hohenstein können sich schon vorstellen, warum viele Menschen ihre Kaugummis einfach auf den Boden spucken: „Weil sie keinen Bock haben, zum Mülleimer zu laufen", glaubt Sven. „So ist das einfacher", pflichtet ihm Chiara bei. „Und sie fühlen sich cool, wenn sie die auf den Boden spucken", sagt Leon. „Das kostet die Stadt aber viel, das sauber zu machen", erkennt Nessim.

Das Problem dabei: Mit Hochdruckreinigern können die ESW-Mitarbeiter nicht arbeiten, weil sie sonst die Fugen herausspülen würden. Also müssen sie mit viel Handarbeit die ganzen Kaugummis abkratzen. Zurück bleiben trotz aller Vorsicht helle Flecken. Da bald das neue Pflaster für die Barmer Fußgängerzone kommt, sollen vorher möglichst viele Kaugummi-Fans zur Raison gebracht werden. [...]

Viele Jugendliche glauben, dass die sogenannten Gum-Walls helfen könnten, die Städte sauberer zu machen.

Fuente: Westdeutsche Zeitung (7.11.2019)

6 ESW – Eigenbetrieb Straßenreinigung Wuppertal; **22 AWG** – Abfallwirtschaftsgesellschaft;
47 ISG Barmen – Immobilien-Standort-Gemeinschaft Barmen

¿Quién es el receptor?

6 Ahora que ya tienes la información que necesitas, piensa en la persona a quien diriges tu mensaje. Marca con una cruz la(s) respuesta(s) correcta(s).

a) ¿Quién es Amalia?

- ☐ Una amiga.
- ☐ Un familiar.
- ☐ Una desconocida.

b) ¿Por qué está enfadada? Amalia piensa que pegar chicles por todas partes es…

- ☐ irresponsable.
- ☐ una broma.
- ☐ una muestra de educación.

c) ¿Por qué reacciona así?

- ☐ Porque en Madrid los chicles son un problema.
- ☐ Porque no sabe que pegar chicles en esos carteles es una iniciativa de la ciudad.
- ☐ Porque es una pesada.
- ☐ Porque no le gusta el chicle.

d) ¿Qué información cultural probablemente no conoce y debo explicarle?

- ☐ ESW-Team
- ☐ Fußgängerzone
- ☐ Gum-Board
- ☐ ISG Barmen
- ☐ AWG
- ☐ Imbissbetrieb

¿Qué tipo de texto vas a escribir?

7 Recuerda que vas a escribir un comentario. Esto significa que no solo tienes que tener en cuenta lo que vas a escribir y a quién, sino también cómo lo vas a escribir.

a) Tu comentario:

¿Cómo puedo empezarlo?

- ☐ ¡Hola!
- ☐ A quien corresponda:
- ☐ Estimada Sra.:
- ☐ Querida Amalia:

¿Cómo puedo terminarlo?

- ☐ Besos,
- ☐ 😃 😊
- ☐ Saludos cordiales,
- ☐ Un abrazo,

b) ¿Qué debo tener en cuenta al escribir en una red social?

- ☐ Debo respetar las normas de la netiqueta.
- ☐ Debo tener cuidado con cómo escribo las cosas.
- ☐ Puedo decir lo que quiera.
- ☐ El contenido es público.

c) ¿Qué expresiones puedo usar? ¡Recuerda ser amable con Amalia y ponerte en su situación!

- ☐ Claro, así sin explicación, se ve bastante mal.
- ☐ La verdad es que no has entendido nada.
- ☐ Espero haber aclarado tus preguntas.
- ☐ Eres bastante ignorante.
- ☐ Entiendo que estés confundida.
- ☐ Me imagino tu sorpresa.

D 23 Estrategia

8 Escríbele tu comentario a Amalia teniendo en cuenta los resultados de los ejercicios de arriba. Comprueba si has dado toda la información necesaria, si has escrito de modo que Amalia te entienda y si has sido cortés de acuerdo con la situación y el medio del comentario público.

¿Cómo se puede trabajar con traducciones en contexto?

Una forma de encontrar una expresión compatible en la lengua meta es mediante el uso de traductores en contexto. Ahora vas a aprender a usar estas herramientas para apoyar el proceso de mediación de un texto.

9 Lee la siguiente situación de mediación pensando en las estrategias que ya has aprendido.

Ana, la chica de intercambio español que se queda en tu casa, tiene la costumbre de subir a su perfil fotos de cosas que le parecen interesantes y curiosas y que ha visto durante su visita en Alemania. A veces, ni ella ni sus amigos españoles entienden de qué se tratan las imágenes que sube. Este es el caso de esta fotografía. Ana compró en el supermercado una caja de huevos y, al abrirla, ¡sorpresa! en la caja: No solo venían los huevos, sino que también una gallina de lana para decorar los huevos. Como ella y sus amigos parecen estar bastante equivocados e incluso enfadados, decides responder su conversación con un comentario.

Ana ¡Por favor! ¿Es para que los huevos no cojan frío? ¿En serio? ¡Aquí hasta los huevos están abrigados! Al menos la gallina es bien bonita…

#modaparatodos #resfrío #curiosidades

Leo_Gamer Sí, son guay, pero al fin y al cabo inútiles… Nadie gana algo con esto…

Seba_a_secas Esas gallinas de lana para huevos no son más que una pérdida de tiempo y energía. Me pregunto qué tipo de personas hacen estos abrigos y para qué. ¿Están aburridos? ¿Ahora los huevos sienten frío o qué? Podrían hacer algo que valga más la pena.

AmaliaMar Vaya… Qué triste ejemplo de superficialidad. No es para felicitar a las personas que hacen estos abrigos para huevos, eso está claro…

JuanJo Errmm… ¿Y alguien sabe por qué los huevos vienen con esas gallinas de lana?

Lorena_LaReina Tampoco es para tanto… ¿Alguien tiene alguna idea de cómo se hacen estas gallinas? ¿Es difícil?

10 Antes de utilizar un traductor en contexto, recuerda el primer paso de una mediación: ¿Qué información necesitas para responder qué comentario? Relaciona a cada usuario con el tipo de información que debes darle para contestar.

1	@Leo_Gamer
2	@Seba_a_secas
3	@AmaliaMar
4	@JuanJo
5	@Lorena_LaReina

A	Cómo hacer una gallina de lana y si es difícil.
B	A quién beneficia esta iniciativa.
C	Quiénes hacen estas gallinas de lana.
D	Qué iniciativa apoya los huevos con abrigos.
E	Por qué los huevos vienen con gallinas de lana.

11 Mira la campaña de las gallinas de lana. Seguro que hay información en alemán que es difícil de decir en español. Una forma de encontrar expresiones compatibles a esas ideas en la lengua meta es usando traductores en contexto. Con las siguientes tareas aprenderás a usar estas herramientas para ayudarte en el proceso de mediación.

yes_ei_can.de

Allen Grund zum FEIERn mit der bundesweiten Aktion „Yes Ei Can“: Zusammen schrEiben wir Geschichte!

Eine eggzellente Initiative!

Wen interessiert es schon, ob das Huhn oder das Ei zuerst da war? Bei unserer Initiative kommen beide zusammen, um denen zu helfen, die es am meisten brauchen.

Das bahnbrechende Ergebnis von bisher mehr als **10.000 Hühner-Mänteln** für eure gekochten Eier verdanken wir zu einem großen Teil den flinken Fingern unserer StrickerEi-Fans.

Ein riesengroßes Dankeschön an alle, die bisher mitgemacht haben, für eure *huhn*tastische Teilnahme!

Möchtest du mal gucken, wie es geht?

Auf unserer Internetseite findest du eine einfache **Strickanleitung**, um mitzumachen. So wird die StrickerEi kinderleicht!

Klicke *hier*.

Was gibt's denn da zu gackern? Eine Menge!

Seit 2 Monaten sind die Hühner-Mäntel in allen teilnehmenden Eierkartons zu finden. Mit deinem Kauf stellst du nicht nur sicher, dass deine gekochten Eier schön warm bleiben, sondern ein Teil des Verkaufspreises wird direkt an lokale Altenhilfeprojekte gespendet, um deine älteren Mitmenschen warm durch den Winter zu bringen.

Nach Ablauf der Aktion werden wir auf unserer Internetseite bekannt geben, wer am meisten Hühner-Mäntel gespendet hat!

Mehr Infos findest du hier: *www.yes_ei_can.de/info*

Mach mit und hilf mit!

Stricke mit deinen Freunden oder deiner Familie und spende uns deinen Hühner-Mantel.

Bundesweite Aktion:
Yes Ei can!

Wir brauchen deine Hilfe: Mit jedem gespendeten Hühner-Mantel machst du ältere Menschen glücklich!

Jetzt spenden!

12 ¡Ojo! Usar un traductor en contexto no siempre es fácil. Por eso, vamos a aprender diferentes estrategias para buscar el significado de las siguientes expresiones clave.

a) Mantén la gramática: En algunos casos es mejor buscar el significado de una expresión exactamente como ha sido escrita en el texto. Esto te dará una idea más exacta para encontrar una expresión similar en la lengua meta dentro de un contexto específico.

Expresión	Expresión apropiada en español
Das bahnbrechende Ergebnis	resultado asombroso / revolucionario
zu einem großen Teil	
den flinken Fingern	
Ein riesengroßes Dankeschön	

b) Cambia la gramática: Si no encuentras la expresión exactamente tal y como está escrita en el texto, prueba a cambiar los verbos conjugados por verbos en infinitivo.

Expresión	Cambio de gramática	Expresión apropiada en español
Zusammen schrEiben wir Geschichte!	Geschichte *schreiben*	
So wird die StrickerEi kinderleicht!	kinderleicht *werden*	

c) Escribe colocaciones mejor que palabras sueltas. Esto te permitirá comparar las diferentes traducciones de esta combinación de palabras en varios contextos. ¡Ojo! Considera las diferentes combinaciones que te ofrezca el traductor.

Expresión	Cambio por combinación	Expresión apropiada en español
um [sie] warm durch den Winter zu bringen.	*sich* warm *halten*	
Nach Ablauf der Aktion	Nach Ablauf der *Frist*	

d) En el caso de las palabras compuestas en alemán (*Komposita*), intenta separar las palabras y buscarlas individualmente.

Expresión	Cambio por separación	Expresión apropiada en español
Strickanleitung	Busca *Stricken* y *Anleitung* por separado.	
Altenhilfeprojekte	En este caso, prueba con *Altenhilfe* en vez de *Altenhilfeprojekte*.	

13 Ahora escribe un comentario respondiendo a todas las preguntas de los comentarios de la publicación. ¡Ojo! Recuerda las reglas de la netiqueta para escribir un mensaje público. Además, piensa en los pasos 2 y 3 de la página 67.

¿Cómo se puede mediar un texto oral?

14 Lee la siguiente situación de mediación y contesta las preguntas.

a) ¿Quién es el receptor?
b) ¿Cómo vas a transmitir la información?
c) ¿Qué tipo de texto vas a escribir?

Im Rahmen der Projektwoche an deiner Schule bittet dich dein Lehrer, einen Kommentar über soziale Netzwerke zu schreiben, der dann auf eurer Schulhomepage veröffentlicht werden soll. Eure spanischen Austauschpartner, die gerade zu Gast sind, haben bereits eine Einleitung verfasst, ein passendes Foto ausgesucht und zwei kurze Statements aufgenommen, die sie dir als Sprachnachrichten schicken. Es ist aber alles auf Spanisch, weil sie noch nicht so gut Deutsch können. Die Frage, ob Influencer:innen uns mit ihren Beiträgen unglücklich machen, beantworten Toni und Eva recht unterschiedlich. Ihre Argumente erscheinen dir interessant und du möchtest sie – ebenso wie die Einleitung und das Foto – gerne für deinen Kommentar über die Nutzung sozialer Netzwerke und mögliche Auswirkungen auf Jugendliche nutzen.

15 Mira la foto y el título que han enviado Toni y Eva para el proyecto. Conversa con tu compañera o compañero: ¿Por qué crees que esta fotografía representa lo bueno o lo malo de los influencer en las redes sociales?

Toni: ¡Hola! Mirad, esta foto está guay 😊 😊 para el proyecto.

Eva: ¿Y te gusta el título "Influencer en YouTube, Instagram, TikTok & Co: ¿Haciendo el bien o el mal en las redes sociales?"?

Expresiones

- verdad ≠ mentira
- auténtico, -a ≠ falso, -a / (des)honesto, -a
- optimismo ≠ pesimismo
- engañar ≠ decir la verdad
- saludable ≠ tóxico, -a

16 Lee la introducción al tema que ha escrito Eva. Resume brevemente en alemán la idea central de la introducción. Para ello, contesta las siguientes preguntas.

Eva

Rostros perfectos, sonrientes y adorados por miles de seguidores: ¿A quién no le gustaría parecerse a su influencer favorito? Si bien hay quien dice que los influencer pueden inspirarnos a tener una vida más feliz, muchas personas los miran con ojo crítico: ¿Son reales sus estilos de vida y sus ideales de belleza? O, ¿son solo para la cámara y para ganar más "me gusta"? Y, en vez de ayudarnos, ¿no será que, al compararnos con nuestros ídolos, podemos incluso llegar a sentirnos más tristes por no ser tan delgados, tan guapos o tan felices como ellos? Pero, ¿qué culpa tienen los influencer de todo esto? ¿Será que si seguimos a los influencer correctos, nos puedan ayudar a querernos y respetarnos aún más?

a) ¿De qué tratará tu comentario?

____

b) ¿Qué preguntas se hacen?

____

____

17 Antes de escuchar los comentarios de Toni y de Eva, relaciona cada palabra con su definición.

1	sacar lo mejor de sí mismo
2	desalentar
3	alcanzar el potencial
4	perjudicar
5	engañar
6	merecer
7	luchar

A	Lograr el 100% de lo que puedes.
B	Haber trabajado muy duro y por eso haberse ganado algo.
C	No decir la verdad.
D	Esforzarse mucho para conseguir algo.
E	Usar todas sus habilidades para lograr un objetivo.
F	Herir o hacer el mal a una persona o a algo.
G	Ya no querer hacer algo.

A 22, A 23 **18** ¿Qué posiciones hay? Escucha las opiniones de Toni y de Eva sobre el uso de las redes sociales y toma nota de sus diferentes argumentos.

Toni: A favor del uso de las redes sociales	Eva: En contra del uso de las redes sociales

D 21 Estrategia **19** Escribe tu comentario usando toda la información de los ejercicios anteriores. Recuerda incluir una introducción, los argumentos a favor, los argumentos en contra y una conclusión.

¿Cuáles son mis puntos fuertes y débiles?

20 Completa la siguiente tabla de autoevaluación.

Mediación	☺☺	☺	😐	☹
a) Leo la actividad de mediación con atención.				
b) Puedo identificar al receptor y elijo el registro adecuado.				
c) Puedo seleccionar la información adecuada para el receptor.				
d) Sé qué información cultural debo explicarle al receptor para que entienda el tema.				
e) No escribo ni doy mi propia opinión sobre el tema.				
f) Respeto las reglas y las normas del tipo de texto en el que debo mediar.				
g) Utilizo expresiones para demostrar comprensión y respeto por el receptor o la receptora de la mediación.				
h) Cuando no sé una palabra o no conozco una expresión, puedo utilizar estrategias de compensación.				
i) Cuando necesito ayuda con alguna palabra o una expresión, sé qué estrategias de búsqueda puedo emplear en los traductores en contexto.				
j) No traduzco toda la información palabra por palabra.				

21 Ordena de lo más difícil a lo más fácil: ¿Qué problemas tienes cuando haces una mediación?

Cuando hago una mediación oral, lo que me parece difícil es…

- ☐ encontrar las palabras adecuadas.
- ☐ mantener una conversación.
- ☐ acordarme de la gramática.
- ☐ tener una buena pronunciación y entonación.
- ☐ Otras cosas: ____________________

Cuando hago una mediación escrita, lo que me parece difícil es…

- ☐ elegir que información es importante y cuál no.
- ☐ entender un texto complicado.
- ☐ escribir usando una buena gramática.
- ☐ no saber qué reglas tiene el tipo de texto que tengo que escribir.
- ☐ Otras cosas: ____________________

22 Elige un problema que tengas en la mediación oral y otro que tengas en la mediación escrita. ¿Cómo podrías solucionar esos problemas?

Mi mayor problema en la mediación oral es ______________________________.

Una posible solución sería ______________________________

Mi mayor problema en la mediación escrita es ______________________________.

Una posible solución sería ______________________________

8 Gramática

¿Cómo se usan los tiempos del pasado?

¿Qué hay que tener en cuenta para utilizar correctamente los tiempos verbales del pasado? No son los acontecimientos los que determinan qué tiempo verbal es el adecuado, sino la perspectiva del hablante. Usar un tiempo verbal u otro depende de cómo quiere el hablante situar o contar los acontecimientos.

Gramática

El hablante usa el **pretérito perfecto** cuando quiere presentar un acontecimiento del pasado como **relevante en el presente**. Por lo tanto, el uso del perfecto será obligatorio si va acompañado de marcadores temporales abiertos (hoy, esta semana, nunca, etc.).

Raúl: "Nunca he estado en Chile". (Raúl, el hablante, todavía no ha estado en Chile, pero a lo mejor quiere hacer un viaje a este país, es decir, el tema no ha acabado para Raúl.)

1 Relaciona las dos partes de los siguientes diálogos para leer más ejemplos.

1	Pero, ¿por qué no está María?
2	Cuéntame, ¿y cómo está tu madre?
3	¡De qué mal humor está Carlos!
4	¿Cómo es que conoces Guanajuato?

A	Pues, sí. Ha reñido con su novia.
B	Hombre, yo he viajado por todo México.
C	Es que no la he invitado.
D	Pues ha envejecido mucho.

Gramática

El hablante usa el **pretérito indefinido** para contar acontecimientos que se presentan como **acabados en el pasado**. Por lo tanto, el uso del indefinido será obligatorio si va acompañado de marcadores temporales cerrados (ayer, el fin de semana pasado, en junio, el año pasado, en 2021, hace un siglo, etc.).

Raúl: "Nunca he estado en Chile, pero en 2021 viajé por Ecuador y Bolivia".

2 Raúl sigue contando su viaje a Ecuador y a Bolivia. Completa su relato conjugando los siguientes verbos en indefinido: comer, salir, viajar, vivir, bailar.

En 2021, yo ________________ a Ecuador y a Bolivia. En Quito, ________________ en casa de mi tía Eva. Ella tiene un hijo, mi primo Luis, que normalmente es muy aburrido porque solo quiere ver la tele, pero con quien ________________ por la noche el primer día de mi visita. Nosotros ________________ empanadas cerca de la catedral y, después, ________________ hasta la madrugada en una discoteca muy guay.

3 ¿Pretérito perfecto o pretérito indefinido? Decide qué tiempo verbal es el adecuado.

a) Hoy no **he entendido / entendí** nada en la clase de Álgebra. ¿Me lo explicas?
b) ¿Cómo que no tienes dinero? ¡Pero si ayer te **he prestado / presté** 50 euros!
c) Aquel día **ha perdido / perdió** definitivamente la paciencia y **se ha marchado / se marchó**.
d) Carla todavía no les **ha dicho / dijo** a sus padres que está embarazada.
e) Las repúblicas de América **han alcanzado / alcanzaron** su independencia en el siglo XIX.
f) ¡Os **he dicho / dije** mil veces que no toquéis esa lámpara! Ahora está rota.
g) Oye, ¿es verdad que Juancho **se ha ido / se fue** de casa? Sus padres lo están buscando.
h) Claro que mi madre habla vasco. Lo **ha aprendido / aprendió** de niña.

Gramática

El hablante usa el **pretérito imperfecto** para describir algo del pasado. A menudo se utiliza para elaborar un **marco de fondo** sobre el que se realizan las acciones principales. Con el imperfecto se describen también las **características** y los **estados** de las personas. Además, se utiliza para **describir las cosas** y las **situaciones habituales** del pasado.

Luisa le cuenta a su amiga algo que pasó en la fiesta de fin de año:
"Pues, en Nochevieja, conocí a un chico en la discoteca. Parecía muy simpático (característica). A la una ya estaba cansadísimo y quería irse a casa (estados). Como hacía frío (marco de fondo) y él no llevaba abrigo (estado), le presté mi bufanda, que era nueva (descripción)..."

Una abuela cuenta cómo se celebraba en su pueblo la Nochevieja (situación habitual):
"En mi época se cenaba siempre en familia, pero no se tomaban las doce uvas, eso es un invento moderno. Tampoco tirábamos cohetes, sino que encendíamos una hoguera en la plaza..."

4 Di lo que describen las siguientes frases en imperfecto: marco de fondo, característica de persona, estado de persona, descripción de cosa o situación habitual.

a) Pepín estaba de muy buen humor. __________

b) Montxo era músico de rock. __________

c) Montxo andaba ya por los treinta. __________

d) Bajaba la escalera. __________

e) La ropa estaba tirada por el suelo. __________

f) El bar estaba lleno, como siempre. __________

g) Eran las doce. __________

h) Los calamares estaban fríos. __________

i) Pepín traía mala cara. __________

j) Los domingos nunca desayunaba en casa. __________

Gramática

Se utiliza el **pretérito pluscuamperfecto** si el hablante ya se ha referido al pasado antes, en cualquiera de los tres tiempos de arriba. Con el pluscuamperfecto nos referimos a un **momento anterior al momento del pasado** del que estamos hablando.

5 Transforma las frases como en el siguiente ejemplo. ¡Ojo! Utiliza el pronombre relativo "que" o los conectores "aunque", "porque" y "cuando".

Prometí a Jaime ayudarlo a preparar el examen. Por la tarde tuve que ir a su casa.

Por la tarde tuve que ir a casa de Jaime porque había prometido ayudarlo a preparar el examen.

a) Compró unas gafas de esquiar en Suiza.
Se las prestó a su novio.
b) Correos ya estaba cerrado. Fueron a recoger el paquete.
c) Estudió alemán en el instituto. Durante el verano hizo unas prácticas en Berlín.
d) Las entradas ya se han agotado. Llegaron al cine con mucha antelación.

6 Sara y Teresa, dos compañeras de instituto, charlan sobre el fin de semana pasado.
Completa el diálogo con los tiempos adecuados del pasado.
Explica también el uso de estos tiempos.

Sara: ¿Y qué (**hacer**)[1] ___hiciste___ el sábado?

Teresa: Uf, (**ser**)[2] __________ un poco rollo. Yo (**querer**) [3] __________ ir al centro a comprarme una falda que (**ver**)[4] __________ la semana pasada en esa boutique de al lado de la estación, pero resulta que (**ser**) [5] __________ el cumpleaños de mi abuela y toda la familia (**estar**)[6] __________ invitada a comer en su casa.

Sara: Entonces, ¿(**encontrarse**)[7] __________ con todos tus primos? ¡Qué divertido!

Teresa: Bueno, la comida (**ser**)[8] __________ un poco aburrida, pero después (**jugar**)[9] __________ con mis primos tres horas al Monopoly. El juego (**ser**) [10] __________ viejísimo y el dinero (**estar**) [11] __________ muy gastado. Fíjate: Mi abuelo se lo (**comprar**)[12] __________ a mi padre ¡en los años 60! Por la tarde, Luis, mi primo mayor, (**proponer**) [13] __________ ir a Retoques, una discoteca que (**abrir**)[14] __________ en su barrio este mes.

Sara: No (**oír**)[15] __________ hablar de ella. Y, ¿qué tal? ¿(**haber**)[16] __________ mucha marcha?

Teresa: No, ¡qué va! (**pagar, nosotros**)[17] __________ 8 euros por entrar y, total, para nada: La discoteca (**estar**) [18] __________ casi vacía, la música (**ser**) [19] __________ malísima y no (**bailar**) [20] __________ nadie. Solo (**quedarse, nosotros**) [21] __________ media hora y, como no nos (**quedar**) [22] __________ más dinero, nos (**ir**)[23] __________ a casa. Nunca antes (**llegar**)[24] __________ a casa un sábado a las diez. Mis padres me (**decir**) [25] __________ que (**tener**)[26] __________ mucha suerte de tener un primo mayor ¡tan responsable! ¡Uf!

1 ___acabado, con marcador cerrado___
2 __________
3 __________
4 __________
5 __________
6 __________
7 __________
8 __________
9 __________
10 __________
11 __________
12 __________
13 __________
14 __________
15 __________
16 __________
17 __________
18 __________
19 __________
20 __________
21 __________
22 __________
23 __________
24 __________
25 __________
26 __________

7 Lee el diálogo entre Sara y Teresa otra vez y une los tiempos del pasado con su uso principal.

1	Pretérito imperfecto
2	Pretérito indefinido
3	Pretérito pluscuamperfecto

A	La narración avanza cronológicamente.
B	La narración se refiere a algo anterior.
C	La narración se detiene.

¿Cómo se usa el subjuntivo?

8 Mira el cómic de Faro y marca los verbos en subjuntivo. Después, lee las reglas sobre el uso del subjuntivo en oraciones independientes y explica la función de los subjuntivos en el cómic.

1 soltar – von sich geben
2 la gilipollez *(vulg.)* – der Blödsinn
3 la adolescencia – die Jugend

Gramática

Se usa el **subjuntivo en oraciones independientes**…

- con función de **imperativo** para usted(es) y todo el imperativo negativo:
  Dígame la verdad. / No os comáis toda la tortilla.
- para expresar deseos tras **ojalá (que)** y **(que) + advertencia**:
  Ojalá no llegue ahora mi novio. No sabría cómo explicárselo.¡Qué tengas suerte en el examen!
- para expresar duda tras adverbios como **quizás** o **probablemente**:
  Quizás llueva el fin de semana, pero no creo. El pronóstico es bastante bueno.

9 La madre del cómic está muy preocupada por el futuro de su hijo. Completa lo que dice con el subjuntivo y anota también su función.

a) No ________________ (**seguir**) escribiendo gilipolleces en la red. ________________

b) Ojalá que ________________ la selectividad (**hacer**; *Abi machen*) el año que viene. ________________

c) Quizás ________________ la selectividad (**aprobar**; *Abi bestehen*) con éxito… ________________

d) … y ________________ (**encontrar**) un buen trabajo, aunque no me lo puedo imaginar. ________________

10 Desde hace dos días, Inés está en la cama con gripe. Su amiga Ana ha venido a visitarla y ahora se está despidiendo. Completa los huecos con lo que se dicen.

Ana: Bueno, Inés, me voy. Ojalá que (**tú, recuperarse**) ____________________________ pronto. Tú no (**preocuparse**) ____________________________: Te voy a traer las fotocopias del cole todos los días. Quizás (**ponerse**) ____________________________ todos los profes también enfermos y (**ellos, cerrar**) ____________________________ el cole. Sería divertido.

Inés: Adiós, que lo (**tú, pasar**) ____________________________ bien.

Gramática

El **subjuntivo** se utiliza siempre **en oraciones subordinadas**...

- introducidas por verbos de **deseo y duda** (p. ej.: querer, esperar, obligar, recomendar):
  Deseamos que vengáis a comer el sábado.
  Dudo que llegue puntual.
- introducidas por verbos de **sentimiento** (p. ej.: me alegro de que, me gusta que, odio que):
  Me alegro de que vengas a mi fiesta.
- introducidas por **expresiones impersonales** (p. ej.: es lógico que, está mal que):
  Es una pena que no puedas venir.
- finales (**para que, a fin de que**):
  Te he preparado un bocadillo para que te lo comas en el recreo.

11 Lee la carta que le escribió Pepín a Montxo desde sus vacaciones en México.
Escribe las formas correctas del subjuntivo.

Querido Montxo:

Espero que (**estar**) ____________________ bien y que tu próximo concierto (**ser**) ____________________ un éxito. Siento mucho que no (**poder**) ____________________ disfrutar del viaje conmigo. ¡Aquí, en Chihuahua, todo es muy bonito! Ya he visto muchas cosas interesantes, por ejemplo, me parece muy raro que los mexicanos (**celebrar**) ____________________ el Día de los Muertos con tanta alegría. El primero de noviembre visitan a sus parientes muertos. ¿No te extraña que ellos (**vestirse**) ____________________ de fiesta para ir al cementerio? Pero, aunque me (**haber, yo**) ____________________ asombrado un poco por esta costumbre, me encanta que los mexicanos (**tocar**) ____________________ música y (**bailar**) ____________________ en el cementerio. ¿Por qué no? Tampoco me asombra mucho que les (**traer**) ____________________ su comida y su bebida favoritas. Lo más raro para mí es que (**regalarse**) ____________________ esqueletos y calaveras de azúcar. ¡Imagínatelo!

He sacado un montón de fotos que te mostraré cuando (**volver**) ____________________, pero pienso que es mejor que me (**acompañar**) ____________________ las próximas vacaciones porque seguramente te encantará.

Un abrazo fuerte,

Pepín

Gramática

Cuando el verbo de la oración principal está en pasado, en la subordinada se usa el **imperfecto de subjuntivo**:
Se alegró de que fueras a su fiesta.
Cerró la puerta para que sus padres no nos oyeran.

Gramática

En oraciones subordinadas se usa...

el indicativo	**el subjuntivo**
• con verbos afirmados de opinión: Creo que es demasiado tarde para Sol.	• con verbos negados de opinión: No creo que sea demasiado tarde para Sol.
• si la oración temporal se refiere al presente o al pasado: Cuando voy a Madrid, visito a mi abuela. Cuando era pequeña, me gustaba cantar.	• si la información temporal se refiere al futuro: Cuando sea mayor, seré cantante de rock.
• si la oración de relativo se refiere a algo o a alguien en concreto: Conozco a una chica que habla francés. Se llama Elena.	• si la oración de relativo se refiere a algo o a alguien no concretos: ¿Conoces a alguien que hable francés?
• si el hablante de la oración concesiva informa sobre un impedimento (*Einschränkung*): Aunque se ha quedado sin trabajo, va todas las semanas a la peluquería.	• si el hablante de la oración concesiva solo menciona el impedimento, sin intención de informar sobre él: Ella se baña todos los días del año en el mar aunque haga frío.

12 Lee el mensaje de Gustavo y marca la forma correcta. Anota también por qué se usa el indicativo o el subjuntivo. Para ello, puedes marcar la información clave también.

Hola, Luis:

¿Qué tal? Aquí, en el insti, han anunciado una noticia bomba: ¡A partir del próximo año escolar tenemos que llevar uniforme! Constará de una camiseta rosa y unos pantalones verdes. ¡Qué combinación de mal gusto!

Cuando **empiezan / empiecen**[1] las clases después de las vacaciones, nos tendremos que poner esos uniformes. No pienso que **es / sea**[2] buena idea vestirse de una manera tan fea. Sin embargo, muchos compañeros opinan que los uniformes les **quedarán / queden**[3] bien.

Me gustaba mucho el uniforme de mi hermano, cuando **era / sea**[4] más pequeño, pero este uniforme que nos obligan a llevar, ¡es un escándalo! ¿O conoces tú otro colegio que **tiene / tenga**[5] uniformes tan feos?

Saludos,

Gustavo

1 información temporal en el futuro

2 ____________________

3 ____________________

4 ____________________

5 ____________________

¿Cómo se forman las oraciones condicionales?

Gramática

Hay tres tipos de oraciones condicionales:

- **La condición es posible.** La oración subordinada (si…) está en presente de indicativo.
  Si no llueve, hago deporte después de las clases. (presente de indicativo)
  Si vas a Madrid, podrás visitar el Museo del Prado. (futuro de indicativo)
  Si vas a Madrid, mándame una postal. (imperativo)
- **La condición es improbable.** La oración subordinada está en imperfecto de subjuntivo.
  Si fueras a Madrid, podrías visitar el Museo del Prado. (condicional simple)
  Wenn du nach Madrid gingest, könntest du den Prado besichtigen.
- **La condición se refiere al pasado y no es posible.** La oración subordinada está en pluscuamperfecto de subjuntivo.
  Si hubieras ido a Madrid, habrías podido visitar el Retiro. (condicional compuesto)
  Si hubieras ido a Madrid, hubieras podido visitar el Retiro. (pluscuamperfecto de subj.)

13 Lee las reglas sobre los tres tipos de oraciones condicionales. Después, forma frases según el siguiente modelo.

a) Hoy Julia no puede salir con Juan. Sus padres se lo han prohibido.

Si sus padres no se lo hubieran / hubiesen prohibido, Julia habría / hubiera podido salir hoy con Juan.

b) Sus padres están muy enfadados con ella porque se fue a escondidas a la fiesta de Juan.

____

c) Los padres de Julia no permiten que su hija se vea con Juan porque él vive con otros jóvenes en una casa en ruinas.

____

d) Juan no tiene un trabajo fijo, por eso en el pueblo corren malos rumores.

____

e) Julia conoce a Juan desde niño, por eso sabe que los rumores son tonterías.

____

¿Cómo expresarse en estilo indirecto?

Gramática

Con el estilo indirecto se repite lo que otra persona ha dicho o escrito. Hay dos tipos de oraciones en estilo indirecto: Si el **verbo introductor** está **en presente o en pretérito perfecto, no cambia** el tiempo verbal; si está **en pasado** (indefinido, imperfecto o pluscuamperfecto), **cambia** el tiempo verbal en la oración subordinada, **según el siguiente esquema**:

presente → imperfecto	condicional = condicional
perfecto → pluscuamperfecto	indefinido → indefinido / pluscuamperfecto
futuro simple → condicional simple	imperfecto → imperfecto / pluscuamperfecto
futuro compuesto → condicional compuesto	pluscuamperfecto = pluscuamperfecto

En el estilo indirecto siempre se introducen las oraciones subordinadas con "que", "si" o con pronombres interrogativos (cuándo, cómo, etc.). Se adaptan también los pronombres personales (yo → él / ella), posesivos (mi → su) y demostrativos (este / esta → ese / esa).
Además, se cambian las indicaciones de lugar y de tiempo (aquí → allí, ahora → entonces).

14 Lee lo que cuenta Pedro (en estilo directo) y completa lo que repite Julia (en estilo indirecto). Ten en cuenta la perspectiva de Julia, es decir, cuándo y dónde repite la narración de Pedro.

Madrid, 23 de julio de 2020 Pedro:	**Madrid, 23 de julio de 2020 Julia:**	**Segovia, 25 de julio de 2021 Julia:**
Hola, me llamo Pedro y vivo con mi familia aquí, en Madrid. Antes vivíamos en Salamanca, pero nos trasladamos aquí hace cinco años, cuando yo ya había terminado la universidad. Mañana nos iremos de vacaciones a nuestra casa de Málaga. Estoy muy contento de que, por ahora, allí no llueva. Ya hemos hecho las maletas.	Acabo de encontrarme con un chico que se llama Pedro. Me ha dicho que ______ aquí, en Madrid, con ______ familia, pero que antes ______ en Salamanca. Ha añadido que ______ aquí hace cinco años, cuando ______ ______ la universidad. Dice que mañana ______ de vacaciones a ______ casa de Málaga y que ______ muy contento de que, por ahora, allí no llueva. Ha contado, además, que ya ______ las maletas.	Hace un año me encontré con un chico en Madrid que ______ Pedro. Me dijo que ______ con su familia en Madrid, pero que antes ______ ______ en Salamanca. Añadió que ______ a Madrid ______, cuando ______ la universidad. Dijo que ______ ______ de vacaciones a ______ casa de Málaga y que ______ muy contento de que, ______ allí. Contó, además, que ya ______ ______ las maletas.

15 Transforma al estilo indirecto lo que está diciendo Paloma.

> **Hola, ¿ya habéis visto mi dibujo? Lo hice ayer, en cuanto mi padre me trajo unos lápices de colores. El dibujo muestra nuestra casa de Cuenca, donde vivíamos cuando yo era pequeña".**

Paloma nos saluda y nos pregunta si ya ____________________ dibujo. Dice que lo ____________________ ayer, en cuanto ____________ padre ____________________ unos lápices de colores. Nos comenta que el dibujo muestra ____________ casa de Cuenca, donde ____________________ cuando ____________________ pequeña.

16 Ayer estuviste en casa de Ana y Pedro. Cuéntale a alguien su diálogo. Usa el estilo indirecto y utiliza diferentes verbos para introducir las frases. Ten en cuenta también las reglas para el uso del subjuntivo en el estilo indirecto (ver más abajo).

Ana: ¿Qué estás leyendo?
Pedro: Un artículo del periódico. Escucha: "Tres jóvenes muertos en un accidente de carretera. Tres jóvenes de 16, 18 y 21 años han muerto y otra persona ha resultado gravemente herida esta madrugada en Andalucía, cuando regresaban a casa tras una noche de fiesta en Málaga. El coche en el que viajaban se salió de la vía en una curva y chocó contra un árbol".
Ana: ¡Qué horrible! Es el cuarto accidente de este mes. Solo en las últimas dos semanas, un total de nueve personas ha perdido la vida en algún accidente de tráfico en las carreteras de nuestra provincia. Yo cuando me saque el carné nunca iré a ninguna fiesta en coche. Usaré los medios de transporte público, así podré divertirme y llegar a casa sana y salva.
Pedro: Pero ese es el problema: No hay autobuses a las dos de la manaña ni más tarde, cuando los jóvenes quieren regresar a casa. Los políticos se lamentan de que los jóvenes mueran en las carreteras, pero no hacen nada para cambiar la situación.
Ana: Si yo fuera un político, intentaría ayudar a los jóvenes. Creo que tienen derecho a salir y a volver a casa sin arriesgar sus vidas. ¿Por qué no les escribes una carta a los diputados de nuestra provincia? Diles que tienen que mejorar el transporte público.

Ayer estuve con Ana y Pedro. Pedro estaba muy concentrado y Ana le preguntó qué...

Gramática

Hay varias posibilidades de expresar **deseos, consejos y órdenes** en el estilo indirecto. Fíjate también en el uso del subjuntivo.

Profesor: "Quiero que leáis esto".	El profe dice que… … quiere que leamos esto.	El profe dijo que… … quería que leyéramos esto.
	El profe nos dice / ordena que… … leamos esto.	El profe nos dijo / ordenó que… … leyéramos esto.

¿Cómo se usa la voz pasiva?

Gramática

En español hay diferentes posibilidades de expresar impersonalidad. Una de ellas es la voz pasiva, pero se usa mucho menos que en alemán. Se construye con una forma verbal de **ser + participio pasado** y se encuentra, sobre todo, en textos históricos o en guías turísticas:
La catedral **fue terminada** a finales del siglo XVI.

17 Lee las instrucciones y los anuncios de las fotos.

a) Haz una lista con las expresiones de impersonalidad de las fotos y tradúcelas.
b) ¿Conoces otras formas de expresar acciones de manera impersonal? Añádelas en tu lista y formula reglas.

1

2

3

18 Lee el diálogo entre Lena, una chica alemana, y sus amigos sevillanos a los que visita. Es su primer día en la ciudad y ellos la acompañan enseñándosela. Después, escribe un texto sobre la Giralda para una guía turística. Incluye en él ocho o nueve construcciones en pasiva.

Pepe: Aquí tienes la Giralda, el emblema de nuestra ciudad. Como ves, así llaman al campanario de la catedral.

Lena: Pero su estilo es totalmente distinto al de la iglesia.

Sol: Claro, es que la construyeron los árabes en el siglo XII. Era el minarete de su mezquita.

Lena: Pues, la parte de arriba no parece árabe.

Pepe: Y no lo es. El último tercio lo añadieron como campanario los cristianos después de la Reconquista. Su armonía la han elogiado muchos críticos e historiadores.

Lena: No me extraña. Es impresionante. ¿Y qué hay en su punta? No lo veo bien.

Pepe: ¡Ah, es el Giraldillo! Es una escultura de bronce que colocaron en 1568. Funciona como veleta y es la mascota de los sevillanos. La realizó el maestro Vázquez el Viejo.

Lena: Ya entiendo por qué la visitan tantos turistas.

Sol: Sí, miles al año. Es que es uno de los monumentos más importantes de Andalucía, pero la torre se ha utilizado para otras cosas a lo largo de su historia, no solo para llamar a la oración o como campanario. También sirvió de granero y de atalaya para la defensa de la ciudad. En 1987 la declararon Patrimonio de la Humanidad.

Pepe: ¡A ver si sabes calcular cuántos escalones tiene la escalera! Como orientación, te digo que la Giralda mide 101 metros.

Lena: ¡Uf, ni idea! Soy malísima con las matemáticas.

Pepe: ¡Ja, ja, ja! ¡No tiene ni un escalón! En vez de escaleras, construyeron una rampa para que el almuecín que llamaba a la oración varias veces al día pudiera subir a caballo.

Lena: ¡Jopé, qué listos estos árabes! ¿Subimos?

Sol: Pues, claro. Desde arriba hay una vista fantástica de Sevilla.

1 el emblema – das Wahrzeichen; **1 el campanario** – der Glockenturm; **4 la mezquita** – die Moschee; **9 la veleta** – der Wetterhahn; **14 el granero** – der Kornspeicher; **14 la atalaya** – der Wachturm; **15 el Patrimonio de la Humanidad** – das Weltkulturerbe

¿Cómo se usa el gerundio?

El gerundio se puede usar en perífrasis verbales o como un adverbio para informar sobre las circunstancias de la acción del verbo principal.

V3 **19** Mira el vídeo educativo sobre la formación del gerundio y su uso en la perífrasis verbal junto con el verbo "estar". Para reactivar tus conocimientos, puedes hacer los ejercicios interactivos del vídeo.

20 Ruda Vinagreti es la profesora de Gaturro. Entre ellos existe una relación muy especial. Lee las viñetas, localiza la perífrasis con gerundio y explícala con tus palabras.

Perífrasis: ______________________________

____

Explicación: ______________________________

____

____

____

____

____

pasar de grado – cambiar a un curso superior

Gramática

Aparte de la perífrasis **estar + gerundio** (*gerade dabei sein, etw. zu tun*), hay **otras perífrasis** con el gerundio que tenemos que aprender porque el significado no se explica por el contexto:

andar + gerundio	*etw. über einen bestimmten Zeitraum hinweg tun*
acabar / terminar + gerundio	*etw. schließlich / zum Schluss tun*
ir + gerundio	*etw. immer mehr / verstärkt tun*
llevar + tiempo + gerundio	*etw. schon seit … tun*
venir + gerundio	*etw. immer wieder tun*
quedar(se) + gerundio	*betont den Beginn der Handlung*
salir + gerundio	*betont das Ergebnis*

21 Lee las perífrasis de la tabla de arriba y completa las siguientes frases con la perífrasis más adecuada de las casillas.

acabará teniendo | estaban esperando | lleva estudiando

viene pidiendo | sigue estando | se quedó mirando

a) Gaturro ______________________ mucho tiempo con Ruda Vinagreti.

b) Cuando llegó, ______________________ a Ruda Vinagreti.

c) Los dueños de Gaturro y el director ______________________ un cambio de profesora.

d) Gaturro ______________________ desde el verano poder estar en la clase de Ruda.

e) Como siga así, Ruda ______________________ a Gaturro el próximo curso también.

f) Gaturro ______________________ en la clase de Ruda Vinagreti.

22 Lee las siguientes reglas sobre el uso adverbial del gerundio y traduce los ejemplos al alemán.

Gramática

El **gerundio** se utiliza también **como un adverbio** para informar sobre las circunstancias de la acción del verbo principal:

¿Cómo?	Habla gritando y gesticulando mucho. (modal)
¿Cuándo?	Paseando por el parque, Ana tomó una rápida decisión. (temporal)
¿Por qué?	Creyendo que no lo veía nadie, se metió la llave en el bolsillo. (causal)
Si...	Teniendo mucho dinero, me compraría un Ferrari. (condicional)
Aunque...	Teniendo un coche, Carlos a menudo va a pie. (concesiva)

23 Fíjate en la información que aportan los gerundios en negrita y sustitúyelos por oraciones subordinadas adecuadas, como por ejemplo:

Se cayó en el baño **saliendo** de la ducha. *Se cayó en el baño, cuando salía de la ducha.*

a) **Estudiando** todos los días, seguro que apruebas el examen.
b) Aun **sabiendo** que corrían un gran peligro, fueron a ayudar al policía.
c) Conoció a su gran amor **viajando** en tren a Sevilla.
d) ¿Cómo vas a ir a jugar al fútbol **teniendo** los deberes sin hacer?
e) **Pensando** que los indígenas tenían oro, los españoles conquistaron aquellas tierras.
f) **Usando** una lupa, pudo descifrar el pergamino.

MK

¿Cómo se puede producir un vídeo educativo?

24 Recuerda el vídeo sobre la perífrasis "estar + gerundio" y haz tu propio vídeo en el que enseñes a tus compañeros cómo se utiliza el **gerundio como un adverbio**. Para ello, sigue estos pasos.

Seis pasos para producir un vídeo educativo

1. Crea un guion gráfico (*storyboard*) para planificar las diferentes escenas:
   - ¿A quién se dirige el vídeo?
   - ¿Cómo quieres introducir al tema gramatical?
   - ¿Cuáles serán los ejemplos?
   - ¿Cómo se presentarán y qué explicaciones darás?
   - ¿Hay construcciones parecidas en otras lenguas que quieras mencionar?
2. Escribe los monólogos para cada escena de tu vídeo. Ten en cuenta el guion gráfico y usa un lenguaje de fácil comprensión. Además, las explicaciones no deberían ser demasiado largas para que tus compañeros comprendan bien las reglas gramaticales.
3. Practica los monólogos hasta que te salgan bien.
4. Mira otra vez tu guion gráfico y concéntrate en el objetivo de tu vídeo educativo. Después, comienza con la grabación (con la ayuda de tu móvil):
   - Preséntate y presenta el tema gramatical.
   - Pon algún ejemplo y explica el uso del gerundio. No olvides el guion.
   - Piensa en los ejemplos contrastivos de otros idiomas (si los hay).
5. Si hace falta, monta (*schneiden*) el vídeo con ayuda de un programa de edición de vídeo.
6. Presenta tu vídeo educativo sobre el gerundio. ¡Mucha suerte!

¿Qué estrategias existen para entender nuevas palabras?

Internacionalismos, familias de palabras, contexto

Aunque ya sepas mucho español, vas a encontrar palabras desconocidas en muchos textos españoles que leas, pero no es necesario que las busques todas en el diccionario. Si sigues los siguientes consejos, ¡seguro que entiendes más de lo que piensas!

Consejos para entender vocabulario desconocido

1. Deduce palabras desconcocidas a partir de otras lenguas (p. ej.: la educación ← ingl. *education*, fr. *éducation*), pero ¡ojo con los "falsos amigos", que son palabras parecidas con significados muy diferentes (p. ej.: una carta ≠ *eine Karte*)! Por eso, ten siempre en cuenta el contexto, para comprobar si es un **internacionalismo** o un falso amigo.
2. Piensa en otras **palabras de la misma familia** para entender una palabra desconocida (p. ej.: comer – la comida; libre – liberar, la libertad).
3. Considera el **contexto** para deducir lo que significa una palabra desconocida (p. ej.: Nuestro equipo de fútbol *disputa un partido* con el equipo de otra ciudad. → *ein Fußballspiel austragen*).
4. Mira las **fotos** o los **dibujos** si los hay. La estrategia de al lado te puede ayudar también.

1 Lee los dos primeros párrafos del siguiente artículo. Para ayudarte a comprenderlos, hemos marcado algunas palabras que puedes entender…

- … porque son internacionalismos,
- … por el contexto,
- … porque ya conoces otras palabras de la misma familia,
- … con ayuda de la foto.

Hay otras palabras marcadas que…

- … tienes que buscar en el diccionario,
- … no necesitas conocer para entender el texto.

2 Sigue leyendo el artículo hasta el final y marca el vocabulario desconocido como en los dos primeros párrafos. Tradúcelo.

El fútbol callejero fortalece a Rocío Bello Bautista, una niña peruana de 15 años

Atardece en Villa El Salvador, en el Perú, y Rocío Vanessa Bello Bautista, de 15 años de edad, se aleja rápidamente de su escuela tras otro día de clases porque no tiene tiempo que perder. Rocío se dirige a un patio de recreo del vecindario para disputar un partido de fútbol callejero.

"Juego al fútbol todos los días después de clase", explica Rocío poco después, durante un descanso en el partido que disputa con sus amigas en un patio de cemento, que tanto sirve para un partido de fútbol como para un encuentro de básquetbol. "Lo que me gusta del fútbol es que me permite dar inspiración a otros, especialmente a otras niñas. Y también me gusta patear y controlar el balón".

Villa El Salvador es un vasto asentamiento urbano con más de 300.000 habitantes. Durante el decenio de 1970, muchos inmigrantes pobres fueron reasentados en esta zona desértica ubicada a 19 km de Lima, la capital peruana. Inicialmente carecían de acceso a los servicios básicos y al apoyo externo. En Villa El Salvador, las tasas de pobreza y desempleo continúan siendo muy elevadas.

Muchos adultos se desplazan diariamente hasta Lima para buscar empleo, y a menudo dejan solos a sus hijos e hijas. Hasta no hace mucho, Rocío y sus amigas carecían de un sitio seguro donde practicar deporte. En los vecindarios más pobres de Villa El Salvador, las pandillas controlaban las calles, donde los niveles de consumo de alcohol y uso indebido de drogas eran muy elevados.

Deporte y Vida, el programa que hace posible que Rocío y sus amigas jueguen al fútbol, emplea las actividades deportivas para fomentar la educación y el sentido de comunidad en los niños y niñas vulnerables. Además de ello, les ofrece un espacio de recreación seguro. En diversos puntos del Perú existen cinco programas semejantes y en los mismos participan unos 1.400 niños y niñas. Para Rocío, el fútbol es más que un mero deporte. Se trata de una actividad que le permite entablar amistades y ganar confianza en ella misma. "Creo que el fútbol cambió mi vida, que me hizo más feliz", comenta. "Yo era muy tímida y callada, y ahora soy mucho más franca y abierta con la gente". Junto al patio, donde los niños y niñas practican deportes y donde se disputan los partidos y torneos del fútbol, hay un salón donde pueden descansar y hacer los deberes escolares. "Cuando sea grande me gustaría ser secretaria", afirma Rocío. "O quizá estudiar para ser guía de turismo".

Rocío comenta que, desde que comenzaron los torneos de fútbol, en Villa El Salvador ha disminuido la violencia. "El deporte ha resultado muy útil con respecto a las pandillas callejeras porque a los niños y jóvenes les entusiasman más los deportes que la violencia", explica la niña. Rocío y los demás futbolistas de Villa El Salvador carecen de uniformes y no disponen de canchas reglamentarias para sus entrenamientos, pero en el fútbol callejero, lo importante es que todos participen.

Anna Azaryeva © UNICEF www.unicef.org (fragmentos)

La formación de las palabras

Ya sabes que puedes entender muchas palabras porque pertenecen a la misma familia (p. ej.: feliz, felicidad, felicitar, infeliz). Si conoces algunas reglas sobre la formación de las palabras, comprenderás muchas palabras más.

Reglas sobre la formación de las palabras

1. El **prefijo** es una sílaba que tiene significado y que va antes de la raíz (*Stamm*) de una palabra. Los prefijos, en general, cambian el significado de las palabras.
2. El **sufijo** va al final de una palabra y casi siempre cambia su clase, convirtiendo, por ejemplo, un verbo o un adjetivo en un sustantivo. En la mayoría de los casos no cambia el significado.
3. En la **palabra compuesta** se han unido, por ejemplo, dos sustantivos; un verbo y un sustantivo; un verbo, un adjetivo y un sustantivo, o un pronombre y un adjetivo. En general, el significado de la palabra compuesta se deduce por el significado de sus elementos.

D24 Estrategia

3 Lee los prefijos más importantes del español y su significado más habitual. Busca tres ejemplos más para cada prefijo y añádelos a la tabla. Puedes usar un diccionario si hace falta.

Prefijo	Significado	Ejemplos
anti-	oposición	antialcohólico, -a
contra-	oposición	contradecir
des-	no, contrario, se quita algo	desaparecer; la desilusión
i-, in-, im-	no, sin, negación, no tener	inactivo, -a; imposible
pos-	después de	el posfranquismo
pre-	antes de	preescolar
re-	repetición	rehacer
sobre-	exceso, aumento	la sobreproducción

4 Traduce las palabras en negrita al alemán. La tabla de la página 89 y el contexto te ayudarán.

a) Después del accidente de tráfico, Ana sufrió estrés **postraumático**.
b) Octavio es una persona **desagradable:** Siempre quiere tener razón.
c) Esta niña es **insoportable:** Siempre grita y rompe sus juguetes, y nunca obedece.
d) En este texto hay muchos errores. Por favor, **reescríbelo**.

5 Escribe tres frases como las del ejercicio anterior usando los ejemplos que has anotado en la tabla (p. 89). Muéstraselas a un/a compañero/a para que deduzca el significado de las palabras.

D24 Estrategia

6 Completa la siguiente tabla formando palabras con ayuda de los sufijos de más abajo. Si no estás seguro/a de qué sufijo es correcto, puedes usar un diccionario.

Verbo	Sustantivo	Adjetivo
crear	la creación	creativo, -a
		deseable
	el estudiante	
	la oscuridad	
producir		

Sufijos para formar sustantivos

Sufijo	Ejemplos
-ción, -sión	informar → la información
-dad, -tad	libre → la libertad
-dor(a), -tor(a)	traducir → el / la traductor/a
-ez(a)	pobre → la pobreza
-ía, -ería	el libro → la librería
-ista	el fútbol → el / la futbolista
-miento	pensar → el pensamiento

Sufijos para formar adjetivos

Sufijo	Ejemplos
-ano, -ana	Colombia → colombiano, -a
-ble, -able, -ible	creer → creíble
-oso, -osa	el ruido → ruidoso, -a

Sufijos para formar verbos

-ear	el golpe → golpear
-ecer	la noche → anochecer (-zco)
-izar	moderno, -a → modernizar
-ificar	falso → falsificar

D25 Estrategia

7 Traduce las palabras compuestas deduciendo el significado de sus componentes. Para ello, busca primero la definición correspondiente a la palabra compuesta.

	Palabra compuesta
1	el / la sabelotodo (*ugs.*)
2	el abrebotellas
3	maleducado, -a
4	el / la hispanohablante
5	la medianoche

	Definición	Significado en alemán
A	Persona que habla español como lengua materna.	
B	Tiempo entre las doce y la una de la madrugada.	
C	Adjetivo que describe a una persona de mala educación.	
D	Instrumento para abrir botellas retirando la chapa.	
E	Persona que piensa que es sabio sin serlo.	der Besserwisser, die Besserwisserin

¿Qué estrategias existen para ampliar el vocabulario?

Repasar el vocabulario

Es normal que no retengas las palabras nuevas inmediatamente o que olvides algunas después de cierto tiempo. La solución es repasar. Normalmente tienes que repetir las palabras nuevas varias veces: la primera después de un par de horas, la segunda pasado un día, la tercera a la semana y al menos una vez más, por ejemplo, pasado un mes.

Métodos para memorizar vocabulario nuevo

1. Agrupa vocabulario nuevo y estructúralo. Las estructuras más conocidas son los **mapas mentales**. Sin embargo, puedes inventarte otras formas, por ejemplo, dibujar un monigote (*Strichmännchen*) y apuntar las partes del cuerpo, de los pies a la cabeza.

2. Apunta la palabra nueva, junto con un ejemplo y su traducción, en una **libreta** o en una tarjeta de un **fichero de palabras**. Puedes escribir, además, palabras de la misma familia o palabras parecidas de otras lenguas.

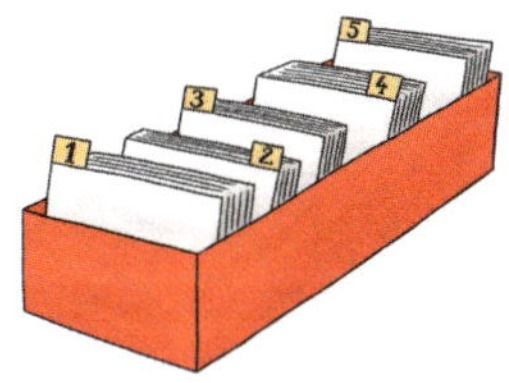

3. Asocia el vocabuario nuevo con un **dibujo** o una **imagen**.

4. Di la palabra nueva **en voz alta**. Puedes incluso hacerlo con ritmo, por ejemplo el de un rap, utilizando un gesto adecuado.

MK 5. Utiliza una **aplicación** para aprender vocabulario nuevo. Hay muchas versiones de prueba gratuitas (p. ej.: PONS Vokabeltrainer, Vokabelbox, Vokabeltrainer Phase 6, Quizlet). ¡Ojo! Algunas herramientas no son gratis. En caso de duda, pregunta a tus profesores o padres.

MK 6. Crea tu propio **glosario digital** utilizando una aplicación (como p. ej.: Book Creator, Quizlet).

8 ¿Utilizas algunas de estas estrategias? ¿Cuáles? ¿Se te ocurre alguna estrategia más? Comenta con tu compañero/a las estrategias que utilizáis.

MK **9** Para aprender vocabuario, crea tu propio fichero digital de palabras siguiendo estos pasos:

a) Busca una aplicación adecuada que sea gratuita en Internet (p. ej.: Quizlet).
b) Accede a un escritorio donde puedas crear un nuevo bloque de tarjetas (*make a set*).
c) Elige "español" como idioma y escribe las palabras que quieres aprender en las tarjetas. Elige también la lengua de destino que, además del alemán, puede ser también el inglés u otro idioma (p.ej. tu lengua materna).
d) Ahora puedes trabajar con las tarjetas. Al principio, todas las tarjetas se encuentran en la categoría "nuevo". Puedes avanzar con una tarjeta al próximo nivel cuando contestas correctamente. El objetivo es llegar con todas las tarjetas a la categoría "seguro". Disfruta las diferentes posibilidades de aprender con las tarjetas: Con las "funciones", por ejemplo, puedes elegir si quieres escribir las palabras o si quieres contestar a preguntas de selección multiple.

Descubrir nuevas palabras

Cuando aprendías español al principio, tenías que aprender las palabras de tu libro o de los textos que trabajabais en clase. Sin embargo, en el bachillerato, tú mismo tienes que asumir parte de la responsabilidad para ampliar tus conocimientos.

Métodos para ampliar tu vocabulario

1. **Lee** a menudo: Todo tipo de textos: Ya sean cómics, revistas, novelas o noticias, todos son buenos. Lo importante es que elijas lo que te interesa. ¿Por qué no lees alguna vez un artículo en español sobre algún tema que ya hayas leído en un periódico alemán? Lo entenderás más fácilmente y encontrarás seguramente palabras interesantes.
2. **Escucha** mucho español: A través de Internet puedes escuchar también la radio en español o bajarte un pódcast para escucharlo cuando y donde quieras. Escuchando música en español, también aprenderás mucho.
3. **Ve** cortos, películas o series en español con regularidad. Si hay, puedes utilizar los subtítulos para comprenderlos mejor. Además, los canales de televisión ofrecen parte de su programación para verla cuando quieras.
4. **Habla** con españoles o latinoamericanos si tienes la oportunidad. El contacto directo con el idioma siempre es la mejor forma de aprender. Hay aplicaciones con las que puedes hacer un tándem para practicar el idioma. Además, te puedes grabar a ti mismo con el móvil y contar algo que te haya pasado como si se lo estuvieras contando a un amigo español. Si no te salen las palabras adecuadas, intenta parafrasear, es decir, utiliza otras palabras para expresar lo que quieres decir.

D24 Estrategia

10 Escribe en el árbol de la vida todas las palabras de la familia "vivir". Anota también su significado en alemán. Puedes usar el diccionario.

¿Qué tipos de diccionarios hay?

Existen diferentes tipos de diccionarios útiles a la hora de aprender español: monolingüe, bilingüe, de sinónimos, de frases hechas, etc. En Internet vas a encontrar muchos, pero ¡ojo!: Son de muy diferente calidad. Además, puedes usar las traducciones en contexto (ver págs. 70–72).

El uso del diccionario impreso

Los diccionarios clásicos o impresos tienen mucha información adicional, como por ejemplo apéndices con la conjugación de los verbos. Utiliza con regularidad los diccionarios impresos para comprobar tus traducciones.

11 Lee esta frase y busca en un diccionario monolingüe los significados de la palabra **en negrita**.

En los últimos meses ha aumentado el número de **camellos** en las calles.

a) Apunta la definición del significado correcto de la palabra, según el contexto:

____

b) ¿Qué otros significados tiene esta palabra? ______________________________

____

MK

El uso del diccionario digital

Aprender una palabra no consiste solo en conocer su significado, sino también en saber usarla, en conocer frases hechas en las que aparezca, etc. Por eso, no te centres solamente en su traducción cuando la busques ni escojas tampoco la primera opción que aparezca en el buscador.

12 Lee la siguiente frase e intenta buscar sinónimos en un diccionario digital para expresarte con mayor precisión.

La administración todavía no **ha hecho** los cambios necesarios ni tampoco **ha hecho una selección** de los temas más importantes.

MK

El uso de los corpus

Los corpus son recopilaciones *(Sammlungen)* de textos en formato electrónico. Un corpus nos permite el acceso a una gran cantidad de ejemplos. Las palabras están etiquetadas por categorías (adjetivo, verbo, preposición, etc.). El uso de los corpus nos permite obtener información de las palabras utilizadas con mayor o menor frecuencia. Se trata de muestras reales de la lengua. De este modo, podemos saber si una palabra es más coloquial que otra y, dependiendo del contexto, qué palabra se utiliza más.

13 Abre el CORPES XXI de la Real Academia Española en Internet para buscar la palabra "transporte": ¿Qué palabras se utilizan a menudo con esta palabra? Sigue estos pasos:

- Haz clic en "Coapariciones" en el menú de arriba y escribe en "Lema" la palabra "transporte". Elige en "Clase de palabra" la categoría "sustantivo" y haz clic debajo, en "coapariciones".
- Haz doble clic ahora en "LL SIMPLE" para que aparezcan las palabras según su frecuencia de uso y una vez en "Clase " para que aparezcan según la clase de palabra.
- Apunta los diez primeros adjetivos que aparecen con la palabra "transporte". Si haces clic en el adjetivo que está en color azul, aparecen también algunos ejemplos.

____

____

____

____

____

____

____

¿Cómo se puede usar el vocabulario adecuadamente?

Las perífrasis verbales

Una perífrasis verbal es una combinación de dos verbos a menudo unidos por una preposición o una conjunción. El segundo, o verbo principal, suele ir en gerundio o en infinitivo. Para traducir las perífrasis puedes usar un adverbio (p. ej.: *macht gerade*).

Primer verbo	Preposición o conjunción	Segundo verbo
Estoy		leyendo un libro.
Voy	a	leer un libro.
Tengo	que	leer un libro.

14 Lee las siguientes perífrasis verbales, que son las más habituales en español, y relaciona cada una de ellas con su significado. Después traduce los ejemplos al alemán.

1	estar + gerundio Ro no puede ponerse al teléfono porque está duchándose. Ro kann nicht ans Telefon, weil er gerade duscht.
2	seguir / continuar + gerundio Sigue y sigue lloviendo. ¡Estoy harta de este clima! __________
3	llevar + espacio de tiempo + gerundio Un 50% de los parados lleva más de un año buscando trabajo. __________
4	ir + gerundio Ana les dice a sus amigas: "Id entrando, nos vemos dentro". __________
5	ir a + infinitivo Por fin este verano me voy a sacar el carné de conducir. __________
6	tener que + infinitivo ¿Por qué tengo que sacar la basura siempre yo? __________
7	acabar de + infinitivo Acabo de ver a tu madre en el supermercado. __________
8	dejar de + infinitivo Mi madre quiere dejar de fumar, pero no lo consigue. __________
9	volver a + infinitivo He vuelto a suspender el examen. ¡Y es la segunda vez! __________

A	La acción ha terminado hace muy poco tiempo.
B	La acción ya no se realiza.
C	Se subraya la duración de la acción.
D	La acción se desarrolla en ese preciso momento.
E	La acción se desarrolla lentamente.
F	Se quiere realizar una acción.
G	La acción se repite.
H	La acción es necesaria u obligatoria.
I	La acción continúa, todavía no ha terminado.

Sinónimos, antónimos y términos generales

Para expresarte bien y evitar repeticiones, puedes ayudarte usando sinónimos, antónimos o términos más generales. Los sinónimos son palabras o expresiones que tienen el mismo significado o un significado parecido (p. ej.: bonito, hermoso, lindo), mientras que los antónimos expresan lo contrario de una palabra o expresión (p. ej.: bonito ≠ feo). Los términos generales resumen las palabras de una categoría (p. ej.: deporte: fútbol, natación, etc.).

D24 Estrategia **15** Aquí tienes seis verbos que puedes utilizar en lugar del verbo "hacer". Decide qué verbo se puede combinar con qué sustantivo. Puedes trabajar con un diccionario.

1	construir
2	elaborar
3	realizar
4	cometer
5	fabricar
6	desempeñar

A	una casa
B	un ejercicio
C	una función
D	un coche
E	un error
F	un plan de estudios

16 Sustituye adecuadamente el verbo "estar" de estas frases por otro de estos verbos: consistir (en), costar, tener lugar, sentirse.

a) El curso de Inglés **está** en Londres todo el verano.
b) Puedo participar en este intercambio, **estoy** muy contenta.
c) El problema de Juana **está** en que no puede ir con nosotros…
d) … porque los billetes de avión **están a** 500 euros.
Es demasiado caro para ella.

17 Los siguientes verbos pueden sustituir a la forma "hay". ¿Con qué nombres se pueden utilizar?

1	celebrarse
2	existir
3	producirse
4	tener lugar

A	especies, animales
B	una fiesta, elecciones, un cumpleaños
C	una entrega de premios, una reunión
D	un milagro, problemas, un terremoto

18 Escribe el antónimo de estas palabras.

empezar	≠	el fracaso	≠
oscurecer	≠	el amigo	≠
el final	≠	la riqueza	≠
opuesto, -a	≠	olvidar	≠

19 Encuentra el término general para cada columna, como en el ejemplo.

la democracia				
el partido	la empresa	Colombia	el amor	el monumento
el presidente	la crisis	Perú	el odio	el / la turista
el congreso	el dinero	Chile	la rabia	el hotel
la constitución	la exportación	Bolivia	el dolor	el / la guía

Las expresiones de cambio

Hay muchos verbos que expresan cambios (p. ej.: volverse, llegar a ser) y que se usan junto con un adjetivo o sustantivo. Además, hay muchos verbos que derivan de adjetivos (p. ej.: corto → acortar) y no hace falta utilizar un adjetivo o un sustantivo.

20 Para practicar el uso de las expresiones de cambio, completa las siguientes frases con la forma correcta del verbo indicado.

volverse + adjetivo

a) Después del cierre de la fábrica la ciudad ______________________ muy triste.

b) ¡Tres veces la misma canción! ¿No puedes poner otra música? ______________________ loca.

hacerse + adjetivo / sustantivo

c) Como su padre ______________________ rico, Mario ya no tiene ese tipo de problemas.

d) A mi hermana le gustaban tanto las lenguas que ______________________ traductora.

convertirse en + sustantivo

e) En 1977, España ______________________ una democracia.

f) El sapo ______________________ un príncipe guapísimo.

ponerse + adjetivo

g) Mira, Laura ______________________ colorada. Seguro que es por ti.

h) Cuando se enteraron de la noticia, todos ______________________ nerviosísimos.

quedarse + adjetivo

i) Su padre ______________________ tan impresionado con las notas que le regaló una moto.

j) Su novio ______________________ ciego por el accidente de tráfico que tuvo en Navidades.

llegar a ser + sustantivo

k) Con solo 30 años ______________________ presidente de la multinacional el año pasado.

l) A pesar de su enfermedad, mi abuelo ______________________ un gran deportista.

21 ¿De qué adjetivos o adverbios derivan los siguientes verbos y con qué prefijos o sufijos van combinados? Completa la tabla y traduce los verbos derivados.

Verbo	Prefijo	Adjetivo / Adverbio	Sufijo	En alemán
aclarar(se)	a-	claro	-ar	hell werden, erklären, (sich) aufklären
agravar(se)				
empeorar(se)				
enfriar(se)				
ensuciar(se)				
oscurecer(se)				
secar(se)				